Armin Kaster

Das geheimnisvolle Leben der Kröten

Armin Kaster
wurde 1969 in Wuppertal geboren. Als Junge las er Weltliteratur, die er nicht verstand, und wünschte sich dennoch, Schriftsteller zu werden. Nach exotischen Ausflügen in den Groß- und Außenhandel sowie die Wirtschaftswissenschaft, bog er ab zur Pädagogik und danach zur Kunst. Jetzt arbeitet er als freier Autor und Künstler und lebt mit seiner Familie in Düsseldorf. Seit Jahren führt er literarisch-künstlerische Projekte mit Kindern und Jugendlichen im In- und Ausland durch. Dabei begeistern ihn vor allem die originellen Lebenswelten junger Menschen, die er am liebsten in Geschichten verwandelt.

Ich möchte mich bei Hildegard Gärtner für ihr Vertrauen, ihre starke Meinung, ihren genauen Blick und ihren Humor bedanken. Danke!

ISBN 978-3-7026-5964-6
1. Auflage 2022

Illustrationen: Wioleta Waligorska
Einbandgestaltung: b3k
© 2022 Verlag Jungbrunnen Wien
Alle Rechte vorbehalten – printed in Europe
Druck und Bindung: FINIDR, Český Těšín

Wir legen Wert auf nachhaltige Produktion unserer Bücher und arbeiten lokal und umweltverträglich: Unsere Produkte werden nach höchsten Umweltstandards gedruckt und gebunden. Wir verwenden ausschließlich schadstofffreie Druckfarben und zertifizierte Papiere.

Armin Kaster

Das geheimnisvolle Leben der Kröten

Jungbrunnen

Für meine Mutter

Personen, die in der Geschichte vorkommen

Anton und **Hannes** leben im Neubaugebiet und sind Brüder.
Bennet und **Tim** sind Umzugshelfer, haben aber für die Geschichte keine weitere Bedeutung, außer, dass sie schwer tragen können.
Dirk ist der Vater von Hannes und Anton. Wessen Vater er noch ist, erfährst du im Verlauf der Geschichte.
Fee ist zwölf Jahre alt und die Heldin der Geschichte.
Finn ist Hugos Papa und ein alter Freund von Zoran. Dass er Olgas neuer alter Freund ist, darfst du hier schon wissen.
Franziska ist Fees Ur-Oma, also Olgas Oma, also Ur-Hugos verstorbene Frau.
Heinz ist der verstorbene Opa von Hannes und Anton und der Vater von Dirk. Er hat vor vielen Jahren ein Bild gemalt, das ein lang gehütetes Geheimnis offenbart.
Herr Rabe ist Fees Lehrer, mehr nicht.
Hugo ist vier Jahre alt und Fees Bruder.
Isa und **Lotte** sind die frischgeborenen Zwillingsmädchen von Zoran und Nica. Vermutlich sprechen sie irgendwann mal Niederländisch und Deutsch.
Isabel ist die Mutter von Hannes und Anton.
Karl ist Franziskas Bruder und schon einige Jahre tot. Warum er nie geheiratet hat, erfährst du am Ende der Geschichte.
Maike ist eine Freundin von Zoran und Nica und verkauft in einem kleinen Städtchen in Holland Eis. Es gibt schlimmere Berufe ...

Nica ist Zorans Frau und die Mutter von Isa und Lotte.
Olga ist im Frühjahr immer hibbelig. Ansonsten ist sie ganzjährig die Mutter von Fee und Hugo.
Der **Taubenschlag** ist zwar kein Mensch, aber ein menschenfreundlicher Ort. Dort leben:
Bente, Daniel und **Jim, Keto** und **Juli**, sowie **Paula** und **Ernie**.
Der **Tierarzt** ist der Tierarzt.
Ur-Hugo ist Fees Ur-Großvater. Somit ist er Olgas Großvater und Veronikas Vater. Was er sonst noch ist, erfährst du am Ende der Geschichte.
Veronika ist Fees Oma und Olgas Mutter und Ur-Hugos Tochter.
Zerberus ist ein Hund, so groß wie ein Pony und so lieb wie das Liebste, was du kennst. Allerdings ist sein Fell stumpf und verstaubt.
Zoran ist Fees Papa und lebt mit Nica und den frisch geborenen Zwillingen Isa und Lotte in Holland.

Winterstarre

Es hat die ganze Nacht im Mühlbachtal geschneit. Hugo kratzt das Eis von der Fensterscheibe und sieht zum nahen Waldrand hin. Die Natur schläft unter Schnee und Frost. Doch in der Erde atmet es, sanft und still, durch viele kleine Krötenkehlen.

Die zarten Tiere liegen starr in ihren Mulden, während der Ostwind Schnee über die Weide trägt und mit tausend Nadelstichen alles trifft, was ihm im Wege steht. Es geht kein Mensch mehr vor die Tür, und alle Fenster sind geschlossen.

Hugo öffnet die Ofenklappe. Er bringt ein Bündel Reisig in die kalte Asche und lässt ein Streichholz auf die dünnen Zweige fallen. Als die Flammen in der rußgeschwärzten Öffnung züngeln, legt er Buchenscheite obenauf.

Nach wenigen Minuten ist es warm im Zimmer. Das Eis schmilzt in Bahnen an der Scheibe herab. Hugo sieht die weißen Flocken pfeilschnell näher kommen. Dabei denkt er an den Tag vor sechzig Jahren, als er mit seinem großen Koffer und dem Kontrabass hier eingezogen ist. Damals war es auch so kalt und die Bäume, die am Rand der Weide standen, reckten sich wie weiße Riesen in den Himmel.

„Sie muss jetzt die Wahrheit wissen", murmelt Hugo und setzt sich an den Tisch, um einen Brief zu schreiben. Hier saßen sie vor sechzig Jahren – Franziska, Karl und er – und entschieden sich für ein Leben mit dem vaterlosen Kind und der geheimen Männerliebe.

Und während der Schneesturm um den Kotten geht, klingt in Hugo der Walzer, zu dem sie damals tanzten. Franziska in dem hellen Kleid, das sich beim Kreiseln bauschte, und Karl, der seinen Hut aus reiner Lebensfreude an die Decke warf.

Sechzig Jahre ist das her.

Seitdem schweigt der Kontrabass.

Die Wanderung beginnt

1

Immer, wenn der Frühling kommt, wird Olga wieder wach. In den Monaten zuvor ist sie träge, als hielte sie Winterschlaf. Dann sitzt sie halbe Tage auf der Heizung und döst vor sich hin, oder sie liegt mit einem Buch vor der Nase auf dem Sofa. Doch sobald es wärmer wird, springt Olga durch die Wohnung und wirft fiebrige Blicke auf die Straße vor dem Haus.

Fee kennt das.

Fee muss das kennen.

Fee ist Olgas Tochter.

„Die Straße vor unserem Haus führt überallhin", sagt Olga an diesem sonnigen Abend Anfang April. „Stellt euch das mal vor! Wir können von hier bis in jeden Winkel der Welt fahren!"

„Das sagst du jedes Jahr", murmelt Fee.

Sie sitzt neben ihrem Bruder Hugo auf dem Treppchen überm Garten. Es geht ein sanfter Wind, der nach Frühling riecht. Fee sieht auf den Teich im Park. Vor ein paar Tagen hatte es sogar nochmal geschneit.

„Wir könnten nach Marokko fahren", sagt Olga. „Oder nach Kroatien oder Spanien oder Norwegen. Könnt ihr euch das vorstellen, wir können ü-ber-allhin?"

Fee sieht ihre Mutter entsetzt an. „Du willst Auto fahren?"

„Du kannst auch den Bus nehmen", erwidert Olga und stupst Fee an.

„Ist genauso schlecht fürs Klima", brummt Fee und legt ihren Kopf in die Hände. Sie fährt nur noch Fahrrad oder Zug oder geht zu Fuß. Busfahren scheidet auch aus. Bei der letzten Klassenfahrt musste sie gleich nach der ersten Kurve kotzen.

„Also, jetzt mal ohne Klima!", sagt Olga und setzt sich zwischen ihre Kinder auf das Treppchen. „Wir würden von hier aus starten – egal wie! – und kämen überallhin. Das ist doch cool, oder!?"

„Ja, cool!", sagt Hugo und drückt sein Ohr gegen Olgas Hand.

„Ich will am Wochenende nach Holland", entgegnet Fee. „Außerdem sind noch keine Ferien."

Olga krault Hugos Ohr. Dabei sieht sie nachdenklich in den Himmel. Schließlich sagt sie: „Über das Wochenende müssen wir eh nochmal reden."

„Darüber gibts nichts zu reden!", sagt Fee streng. Sie will ans Meer, zu ihrem Vater Zoran, der da jetzt mit Nica wohnt, die schwanger ist.

„Wir müssen an einem anderen Wochenende nach Holland fahren", sagt Olga. „Es ist nämlich so, dass mir mein Opa geschrieben hat. Er will mir irgendwas sagen."

Olga sieht Fee aus den Augenwinkeln an.

„Und das bedeutet, dass wir morgen ins Mühlbachtal fahren."

Es ist still, bis auf die Nilgänse im Park, die wie stotternde Hupen kreischen. Fee spürt, wie ihr Kopf zu kribbeln beginnt. Das passiert, wenn etwas aus dem Ruder läuft. Meistens dann, wenn Olga hibbelig ist. Und hibbelig ist Olga im Frühling, also jetzt.

„Kannst du dich noch an meinen Opa erinnern?", fragt Olga.

Fee denkt an das alte Fachwerkhaus mit dem Wasserrad überm Bach. Da haben sie einige Zeit gelebt. Bei Olgas Opa. Mitten im Wald.

„Was denn für ein Opa?", fragt Hugo schläfrig. Das Ohrkraulen scheint ihn zu beruhigen.
„Mein Opa", erklärt Olga und zieht ein Foto hervor.
Darauf ist ein Mädchen mit einem alten Mann zu sehen. Der alte Mann hat strubbelige graue Haare, und das Mädchen streckt die Zunge heraus. Die beiden stehen vor einem krummen alten Haus, umgeben von Bäumen.
„Da ist Fee!", sagt Hugo.
„Nein, das bin ich", erklärt Olga. „Auf dem Foto bin ich so alt, wie Fee jetzt ist."
„Warum siehst du aus wie Fee?", fragt Hugo.
„Wegen der Gene", erklärt Olga und zieht Hugo auf ihren Schoß. Sie vergräbt ihre Nase in seine blonden Locken und flüstert: „Mein Opa hat den gleichen Namen wie du."
Hugo betrachtet das Foto. Dann sieht er seine Mutter an und fragt: „Hugo?"
Fee knurrt: „Hast du noch 'n Namen?", und denkt an einen Ameisenhaufen, in dem ihr Kopf jetzt steckt, so sehr kribbelt das.

2

Fee ist zwölf Jahre alt und Hugo vier. Als Fee mit ihrer Mutter Olga in diese Wohnung zog, wussten sie noch nicht, wie laut Nilgänse schreien. Sie beginnen damit am frühen Morgen und enden, wenn es dunkel ist. Manchmal kreischen sie sogar in der Nacht, und wenn der Morgen kommt, geht es wieder von vorne los. Den ganzen Frühling über. Bis sie endlich ihre Eier gelegt und kleine Nilgänse in die Welt gesetzt haben, die ihrerseits im folgenden Jahr das gleiche Spektakel veranstalten.

Das ist der Grund, warum Olga im Frühjahr immer weg will. Sie kann einfach nicht schlafen bei dem Lärm.
Der andere Grund ist ihre Hibbeligkeit, die da ist, sobald es wärmer wird. Dann muss sie weg, egal wohin.
Für Fee beginnt dann immer eine schwere Zeit, weil sie so gerne zu Hause ist. Oder wenigstens an einem Ort, zum Beispiel in Holland, bei ihrem Vater Zoran. Fee mag es nicht, umherzureisen.
Als Fee noch nicht in der Schule war, zog Olga mit ihr ständig umher. Hier ein Festival, da eine Reise, und in den Wochen dazwischen Besuche bei Menschen im ganzen Land.

Olga sagt: „Wir fahren morgen nach dem Frühstück, dann sind wir am späten Vormittag im Mühlbachtal."
Sie schneidet Möhren in kleine Stücke.
Fee sitzt noch immer auf dem Treppchen und starrt auf den See. Die Abendsonne ist gerade unter die Baumkronen gerutscht und färbt den Park in leuchtendes Orange.
„Ich habe morgen Schule", sagt Fee. „Und am Freitag habe ich auch Schule. Und dann fahren wir zu Papa. Da wird das wohl nix mit morgen früh losfahren."
Olga drückt Hugo eine Möhre in die Hand. Er sitzt auf dem Küchentisch und betrachtet seine nackten Füße.
„Komm schon, Süße", sagt Olga und trommelt mit den Fingern auf dem Schneidbrett. „Mein Opa meldet sich nie. Ich mache mir etwas Sorgen um ihn. Die Schule kannst du ruhig mal ausfallen lassen."
„Genau!", sagt Hugo.
„Gehts noch?!" Fee tritt einmal kurz auf die untere Treppenstufe und verschränkt die Arme vor der Brust. „Ich will zur Schule!"

Seit Fee in der Schule ist, geht es ihr gut. Wegen der Schule kann Olga nicht mehr so viel herumfahren. Die Schule hält Olgas Hibbeligkeit klein. Das ist wohl der Grund, warum Fee so gerne in die Schule geht.

„In jedem Fall braucht ihr Gummistiefel", übergeht Olga Fees kleinen Wutanfall, „und warme Pullover. Im Mühlbachtal ist es abends kühl, auch im April."

„Ich dachte, wir fahren da nur mal kurz vorbei", knurrt Fee, und Hugo springt vom Tisch und rennt in sein Zimmer. Er kräht: „Robbi braucht auch einen Pullover", und kommt mit seiner Robbe unterm Arm zurück in die Küche.

Fees Kopf kribbelt und kribbelt. Sie erträgt es nicht, wenn etwas nicht normal läuft. Und normal wäre es, morgen und am Freitag zur Schule zu gehen und dann zu Zoran und Nica nach Holland zu fahren. Und zwar im Zug, so, wie sie es bereits vor Wochen geplant haben.

„Ich gehe morgen zur Schule", verkündet Fee.

Olga tut so, als hätte sie Fee nicht gehört und schneidet die nächste Möhre klein.

Doch dann legt sie das Messer auf das Schneidbrett und setzt sich neben Fee auf das Treppchen.

„Es dauert nicht lange", sagt Olga. „Außerdem habe ich eine Überraschung für euch."

Fee wirft Olga einen kurzen Seitenblick zu.

Olga sagt: „Hab ich gesehen."

„Was hast du gesehen?"

„Das!" Olga macht Fees Blick nach. „Du bist neugierig, gibs zu!"

„Als ob", sagt Fee und springt in den Garten.

3

Fee mag *Gebratener Reis mit Speck* am liebsten ohne Speck. Doch an diesem Abend, als sie im Garten unter dem Apfelbaum sitzen und *Gebratener Reis mit Speck* ohne Speck essen, mag sie gar nichts. Sie hört den Nilgänsen beim Turteln zu, auch wenn es mehr nach einer Panikattacke klingt, was die Vögel da veranstalten.
Hugo hat seinen Kopf an Olgas Schulter gelehnt, und Olga sagt: „Im Mühlbachtal ist es zum Beispiel total ruhig. Keine Gänse und so."
„Am Meer ist es auch schön", erwidert Fee.
Hugo pustet auf den dampfenden Reis, und Olga sieht Fee an, die das Essen nicht anrührt.
„Machst du Diät?", stichelt Olga.
Fee zuckt mit den Schultern und schweigt.
„Pass auf, dass du nicht lachst", sagt Olga und wuschelt durch Fees Haare, die im Gegensatz zu Hugos Locken einer glatten, dunklen Pferdemähne ähneln. Dann steht Olga auf und steigt über das Treppchen in die Wohnung.
„Ist Mamas Opa nett?", fragt Hugo.
„Weiß ich nicht", antwortet Fee. Sie hatte Olgas Opa fast vergessen. Und jetzt zerstört er ihre Pläne, zu ihrem Vater ans Meer zu fahren.
„Was ist das für eine Überraschung?", ruft Hugo.
„Warts ab", sagt Olga und kommt in den Garten zurück. Sie legt ein paar Fotos auf die Wiese.
„Ist *das* die Überraschung?", fragt Hugo und nimmt ein Foto in die Hand, auf dem ein kleines Holzhaus abgebildet ist.
„Nein, das ist Hugos Toilettenhäuschen", sagt Olga. „Das kann allerdings für böse Überraschungen sorgen, wenn die Grube voll ist."

Jetzt hat auch Hugo aufgehört zu essen. Er starrt auf das Foto, und Fee ahnt, was in seinem Kopf vorgeht. Ein Toilettenhäuschen im Wald ist nicht gerade das, was Hugo kennt.

„Und was ist das?", fragt Hugo.

„Was soll was sein?", fragt Olga.

Hugo sagt: „Da!", und tippt auf ein Foto mit einem großen runden Stein, der vor dem alten Fachwerkhaus liegt.

„Das ist ein Schleifstein", sagt Olga. „Mit dem wurden damals Messer geschliffen."

Hugo schüttelt den Kopf. „Nein, da!", sagt er und zeigt auf etwas, das sich auf dem Schleifstein befindet.

Olga und Fee beugen sich vor, um das Foto genauer zu betrachten.

Dann sagt Fee: „Ich würde sagen, das ist eine Kröte."

„Ist *das* die Überraschung?", bohrt Hugo weiter.

„Wohl kaum!", sagt Olga. „Kröten gibt es im Mühlbachtal in jedem Winkel."

Als Fee gerade etwas Reis auf den Löffel schippt, weil sie doch Hunger hat, egal was morgen ist, sagt Olga: „Na gut, dann will ich die Überraschung verraten. Wir ... also du ..." Olga tätschelt Hugos Bein. „Du lernst im Mühlbachtal deinen Vater kennen. Noch Fragen?"

4

Zwei Sekunden später rennt Hugo durch den Garten, prescht durch die Hecke in den Park und kommt schreiend zurück.

„Hey, Süßer, was ist denn los mit dir?", ruft Olga und schnappt sich Hugo, der gerade um den Apfelbaum rennt.

Fee vergisst für einen Moment, dass ihr Kopf kribbelt, und

sieht Hugo dabei zu, wie er sich rücklings ins Gras fallen lässt.

„Heißt mein Papa auch Hugo?", ruft er atemlos.

„Nein", sagt Olga, „dein Papa heißt Finn."

„Und wohnt der bei deinem Opa?"

„Er wohnt zumindest nicht weit weg."

„Und ist der nett?"

„Na, klar!", sagt Olga. „Du hast doch keinen Blödmann als Papa."

„Und warum kenne ich den nicht?" Hugo streicht sich die Locken aus dem Gesicht und sieht Olga an.

„Ist nicht so einfach", sagt Olga. „Hat irgendwie nicht gepasst."

„Und jetzt passt das, ja?", schmatzt Fee mit einem Mund voll Reis.

„So in etwa", bestätigt Olga und streichelt Hugos Stirn, die rot und verschwitzt ist. Er schnauft wie ein pumpender Blasebalg. Niemand sagt etwas.

Olga denkt an Finn, den sie vier Jahre nicht gesehen hat.

Und Hugo denkt an seinen Vater, den er noch nie gesehen hat. Fee wiederum denkt an alles Mögliche, vor allem daran, dass sie ihren Vater Zoran am Wochenende sehen will.

„Ich ruf mal Papa an", sagt Fee und geht in die Wohnung. Dabei spürt sie Olgas Blick im Rücken.

Fee weiß, dass ihre Mutter hibbelig ist. Wegen des Frühlings und wegen der Nilgänse und weil die Bienen fliegen und die Bäume sprießen und das Leben aus allen Ecken und Enden zurückkehrt. Aber vor allem, weil Hugo jetzt einen Vater bekommt, den er schon immer hatte, aber aus irgendeinem Grund nicht kennen sollte oder durfte oder was-weiß-Fee-denn-schon.

5

„Hugos Papa heißt Finn", sagt Fee ohne Umschweife. Sie sieht auf ihr Handy, in dem die schwarzen Haare ihres Vaters im Wind flattern.

Zoran ruft: „Was hast du gesagt?"

„Hugos Papa heißt Finn", wiederholt Fee. „Kennst du den?"

Da wird Zoran von einer Windbö erfasst und torkelt durch den Sand. Sein Gesicht verschwindet aus dem Display, und er ruft: „Warte mal!"

Fee sieht ein paar Möwen über dem Strand segeln. Weiter hinten schießen drei Kitesurfer aufs offene Meer hinaus. Dann verrutscht das Bild und Fee erkennt die hölzernen Gehwegplatten, die zur Düne führen. Wenig später stößt Zoran die Tür zu seiner kleinen Bar auf.

„Was magst du, mein Mädchen? Eine Chocomel? Oder lieber unsere hausgemachte Limetten-Limo mit frischer Minze? Wir hätten auch Blaubeereis mit Vanillesauce."

Zoran steht zwischen Treibholzstücken, die an Seilen von der Decke hängen. Daraus baut er in den Wintermonaten Möbel, die er im Sommer an Touristen verkauft.

„Wir kommen nicht zu dir", sagt Fee und dreht eine Haarsträhne um ihren Finger.

„Sagt wer?", fragt Zoran und richtet die Kamera auf sich. Wenn Fee ihren Papa sieht, fühlt sie sich zu Hause. Seine dunklen Augen sind auch ihre Augen, groß und braun, wie Kastanien.

„Mama will ins Mühlbachtal. Ihr Opa hat irgendwas."

„Ist Hugo krank?"

Zoran zieht die Augenbrauen zusammen und streicht sein Haar zurück.

„Keine Ahnung", flüstert Fee. „Frag doch Mama. Die will übrigens morgen schon fahren. Aber ich will zu dir."
Fee hat einen Kloß im Hals.
Doch da blitzt eine Idee in ihr auf.
Sie sagt: „Komm doch auch ins Mühlbachtal!"
„Das geht nicht, mein Mädchen", erwidert Zoran. „Nicas Bauch ist jetzt so kugelig, dass sie nicht mehr reisen will. Aber wenn die Babys da sind, setzt du dich in den Zug und besuchst uns. Du willst die Zwillinge doch sehen, oder?"
„Ja!", ruft Fee, und Zoran lacht, was so rau und kräftig klingt wie eine Säge.
„Kennst du Hugos Vater?", wiederholt Fee ihre Frage. „Der heißt Finn."
„Ja", sagt Zoran. Sein Gesicht verfinstert sich. „Und jetzt lass mich mit deiner Mutter sprechen. Wie heißt die nochmal? Inga? Ilka? Olka oder wie?"
Fee lacht. Sie sieht Olga im Türrahmen lehnen.
„Tschüss Papa", sagt sie leise und gibt das Handy an ihre Mutter weiter.
„Ja, hi", murmelt Olga und schlendert durch den Garten. Zorans Gesicht im Display wird kleiner, und Fee hört ihre Mutter sagen: „Das weiß ich ja ... ist mir auch klar ... sicher kann ich das verstehen ..." Olga drückt sich durch die Hecke in den Park und setzt sich auf die Bank vorm See.
Hugo ruft: „Kennst du meinen Papa?" Er hängt kopfunter im Apfelbaum.
Fee zuckt mit den Schultern und sieht zu ihrer Mutter, die auf den See starrt. Das letzte Licht des Tages färbt das Wasser rosarot, und die Nilgänse sind ausnahmsweise einmal still.
„Ich kenne deinen Papa nicht", erklärt Fee. „Als Mama mit

dir schwanger war, sind wir hierhergezogen. Mehr weiß ich nicht."

Fee pflückt ihren Bruder vom Baum und lässt sich mit ihm auf die Wiese fallen. Dort rollt er sich zu einer Kleiner-Junge-Kugel zusammen und Fee fragt: „Freust du dich auf deinen Papa?"

„Ja", sagt Hugo und streicht mit seiner Hand über die Wiese.

6

Am nächsten Morgen wacht Fee von allein auf. Sie zieht sich an, wirft einen Blick auf ihre schlafende Mutter und verlässt die Wohnung auf Zehenspitzen, um mit einem Apfel in der Hand in die Schule zu gehen.

Auf dem Weg hält Fee ihr Gesicht in die wärmende Sonne. Dabei erinnert sie sich an das Mühlbachtal und sieht plötzlich den Bach, der wie eine funkelnde Schlange durch die Wiese floss. Und sie hört die großen Bäume, die im Wind rauschten, als wären sie lebendige Wesen. Auch an ihren Vater und ihre Mutter kann sie sich erinnern. Nur Olgas Großvater Hugo bleibt im Verborgenen. Die Erinnerung an ihn ist undeutlich, wie ein verschwommenes Bild.

Dem Unterricht kann Fee kaum folgen. Sie fürchtet die ganze Zeit, Olga könnte die Klasse betreten. Fee drückt sich in die letzte Reihe, wo sie sich unsichtbar macht und Magenbrummen hat, weil Olga bestimmt wütend ist, dass sie einfach zur Schule gegangen ist. Am liebsten würde Fee einfach verschwinden und zu Zoran ans Meer fahren.

Dann schellt es zur Pause. Fee bleibt sitzen, während die anderen zur Tür hinausdrängen. Im Flur steht Olga mit

zwei Reisetaschen über der Schulter. Hugo ist auch dabei und drückt sich eng an seine Mutter.
Herr Rabe ruft: „Wen haben wir denn da?", und reckt seinen Kopf wie ein seltsamer Vogel. Er verlässt die Klasse und Fee lauscht in den Flur, wo Olga mit Herrn Rabe spricht. Sie lächelt und streicht sich eine Strähne aus dem Gesicht, und Herr Rabe lacht etwas zu laut und sagt dann: „Wenn das so ist, kann Fee für zwei Tage beurlaubt werden. Ich klär das nur eben noch mit der Schulleitung, dann könnt ihr los. Ihr habts bestimmt eilig, nicht wahr?"
„Wenn Sie meinen, dass das geht ...", sagt Olga mit schräg gelegtem Kopf. Dabei senkt sie ihren Blick und lächelt sanft.
„Aber sicher", beruhigt Herr Rabe. „Ich schicke euch die Sachen per Mail, dann kann Fee online arbeiten."
Olga sieht Herrn Rabe an, als wäre er ein Stück Gold. Und Fee sieht die glänzenden Augen ihres Lehrers und denkt: „Herr Rabe ist genauso blöd wie alle Männer, die mit Mama sprechen."

„Wir müssen zu den Fahrrädern", ruft Olga, als Fee auf das Schultor zusteuert.
„Und wieso?", faucht Fee.
Erst jetzt erkennt sie, dass die Reisetaschen an Olgas Schulter Fahrradtaschen sind.
„Du willst mit dem *Fahrrad* fahren?"
„Wir können auch ein Auto mieten", sagt Olga. „Aber das schadet ja dem Klima."
Bei den Fahrradständern stehen Fees Mountainbike und Olgas Hollandrad mit dem Kinderanhänger. Olga hat die Räder wohl bis hierher geschoben. Was ziemlich anstrengend gewesen sein muss. Aber das ist Fee egal. Darüber

wird sie keine Silbe verlieren. Nicht eine! War schließlich nicht ihre Idee mit dem Mühlbachtal.

„Ich habe meinen Rucksack vergessen", brummt Fee und läuft zurück in die Schule, wo Herr Rabe gerade die Tür zur Klasse abschließt. Auf seiner Schulter hängt Fees Rucksack.
„Darf ich mal?", fragt Fee. Sie greift nach dem Rucksack.
Herr Rabe sagt freundlich: „Ich wünsch dir alles Gute. Hoffentlich wird dein Großvater schnell gesund."
Fee sagt: „Urgroßvater", und denkt, dass Hugo einen Papa bekommen wird. Einen Papa, den es bis jetzt noch nicht gegeben hat.
„Bis nächste Woche", sagt Fee schließlich.
„Machs gut", ruft Herr Rabe. „Ach, und noch etwas."
Herr Rabe sieht Fee freundlich an.
„Ich weiß, wie gerne du zur Schule gehst. Aber manchmal lernt man woanders mehr, verstehst du?"
Fee sagt: „Nö", und verschwindet über den Gang zur Schultür.

7

Eine Stunde später lehnt Olga das Hollandrad gegen ein Wegekreuz am Ende des Feldweges, auf dem sie gerade gefahren sind. Hugo springt aus dem Anhänger, und Fee lässt ihr Mountainbike einfach zu Boden fallen.
„Jetzt haben wir aber mal wieder bessere Laune, ja?", sagt Olga.
Fee setzt ein falsches Grinsen auf und hockt sich auf den Sockel des Wegekreuzes. Sie sieht über den Acker, bis zu dem nahen Waldrand, dessen Bäume deutlich größer sind, als die Bäume im Park vor ihrer Wohnung. Sie sind eigentlich riesig. Und sie rauschen im Wind, genau wie in Fees Er-

innerung. Dahinter verliert sich das Tageslicht in unbestimmtes Dunkel.

Olga setzt sich neben Fee, die ein paar Zentimeter zur Seite rutscht.

„Es gibt Zeiten, wo es halt mal anders läuft als geplant", sagt Olga.

„Wie immer eigentlich", entgegnet Fee und schießt einen Stein gegen ihr Rad.

Hugo springt derweil über die aufgeworfenen Ackerfurchen.

„Was ist dein Problem, Süße? Wir fahren an einem anderen Wochenende zu Zoran. Davon geht die Welt nicht unter."

„Das *ist* mein Problem", knurrt Fee. „Wir wollten am Freitag nach Holland und nicht irgendwann. Und ich kann es nicht leiden, wenn ich nicht zur Schule darf. Immer bringst du alles durcheinander!"

„Immer alles? Jetzt mach mal halblang! Mein Opa hat irgendwas, das er mir unbedingt sagen will. Das geht jetzt halt mal vor."

„Und was hat der?", fragt Fee.

„Ich weiß es nicht", sagt Olga.

„Und was ist mit Hugos Papa?"

„Mit Finn?" Olga hat plötzlich einen versonnenen Ausdruck im Gesicht.

Fee spürt etwas zwischen sich und ihrer Mutter, das neu ist. Etwas Unbekanntes, das dafür sorgt, dass sich Fee neben ihrer Mutter wie neben einer Fremden fühlt.

„Sind wir damals wegen Finn von deinem Opa weggezogen?"

Olga zuckt mit den Schultern und schweigt. Dann steht sie auf und schiebt ihr Rad zurück auf den Weg.

„Lass uns erstmal zu Hugo fahren. Alles andere findet sich."

Olga stellt einen Fuß auf die Pedale und klingelt mehrmals, damit Hugo merkt, dass es weitergeht.

Als Hugo in den Anhänger krabbelt, hebt Fee ihr Rad auf und folgt ihrer Mutter in den Wald, der gar nicht mehr so dunkel ist, wie er eben noch ausgesehen hat. Überall zwitschern Vögel in dem frischen Grün der Bäume, und das Sonnenlicht fällt auf den weichen Waldboden und verteilt sich darauf in funkelnden Flecken.
Sie fahren schweigend nebeneinanderher, und Fee versucht das Gestrüpp ihrer Gedanken so zu ordnen, dass sie bessere Laune bekommt.
Da schreit Olga plötzlich: „Oh, nein!", und macht eine Vollbremsung.
Hugo springt aus dem Anhänger und läuft ein paar Meter zurück, während Fee ihr Rad wendet und hinter ihrem Bruder her fährt.
„Die ist aber groß", ruft Hugo.
Eine Kröte liegt vor ihm auf dem Rücken. Ein Hinterbein ist abgeknickt und die Zunge hängt aus ihrem Mund.
„Ich dachte, das wäre ein Stein", ruft Olga und läuft zurück.
„Die lebt noch", sagt Hugo leise.
„Und ist bestimmt giftig", vermutet Fee.
„Kröten sind harmlos", beruhigt Olga ihre Kinder. „Seht euch mal die Augen an. Die funkeln wie Gold. Ist das nicht schön?"
Hugo macht: „Psst! Sie sagt was."
Fee sieht Hugo fragend an. Und im selben Moment beenden die Vögel ihr Zwitschern. Bis auf ein paar entfernte Geräusche aus den Tiefen des Waldes ist es plötzlich still. Als würde die Welt den Atem anhalten.

Fee fragt: „Die Kröte spricht nicht wirklich, oder?"
Dabei sieht sie Olga an, und Olga sieht auf Hugo, der die Kröte vorsichtig in die Hand nimmt.
„Was hat die Kröte denn gesagt?", fragt Fee spöttisch.
„Weiß ich nicht", sagt Hugo und steht auf. Er krabbelt ohne eine Wort in den Anhänger. In der Hand hält er die Kröte.

8

Wenig später erreichen sie den oberen Rand eines Hügels.
„Da unten ist Hugos Kotten", sagt Olga.
Fee blinzelt gegen die Sonne. Im Tal unter ihr steht ein altes Haus. Es ist gemütlich eingebettet zwischen den Hügelrändern und einem Bach, der sich funkelnd durch die Wiese zieht.
Sie fahren hinab ins Tal und erreichen eine kleine Brücke. Dahinter öffnet sich eine lang gestreckte Weide. Der Kotten steht da, als wäre er aus dem Boden gewachsen, wie eine Lebensform, die der Wald hervorgebracht hat.
Hugo springt aus dem Anhänger und hüpft über die Brücke zu einem großen Schleifstein, der neben der Haustür im Sonnenlicht liegt. Eine grobe Holzbank steht davor.
„Ist lange her, dass wir hier waren", sagt Olga leise. Sie lehnt ihr Rad gegen einen Baum und macht ein paar Schritte auf den Kotten zu.
Fee folgt ihrer Mutter, und gemeinsam sehen sie Hugo dabei zu, wie er die Kröte auf den Schleifstein legt. Er winkelt ihre Beine an und richtet den kraftlosen Krötenkopf nach vorne.
„Wohnt hier dein Opa?", fragt Hugo und geht zu der Haustür, auf der einige Schnitzereien angebracht sind: verschnörkelte Blumen und Pflanzen, sowie der Schriftzug

Anno 1763. Daneben hängt ein Zettel an einem rostigen Nagel.

Olga liest, was auf dem Zettel steht.

„War klar", sagt sie und drückt die Klinke hinunter. Die Tür öffnet sich mit einem knarrenden Geräusch.

Fee beobachtet ihre Mutter, die in dem dämmerigen Haus verschwindet, und hört zugleich das plätschernde Geräusch des Baches, der unter dem Wasserrad hindurchfließt.

„Was ist das?" Hugo zeigt auf den Zettel.

„Eine Nachricht", sagt Fee und liest: *Bin im Wald. Weiß nicht, wann ich wieder da bin. Nehmt die Zimmer oben. Gruß, Hugo.*

9

Der alte Kotten besteht aus einem Raum, von dem ein kleines Zimmer abgeht. Dicke Holzbalken ziehen sich vom Boden bis zur Decke, und vor dem Fenster ist ein Tisch mit einer Bank.

„Waren die Scheiben immer schon so dreckig?", fragt Fee.

Sie drückt ihre Nase an das stumpfe Glas und versucht nach draußen zu sehen.

„Als wir damals ausgezogen sind, war alles sauber", sagt Olga. Sie steht in der Nische zwischen den Zimmern. Dort befindet sich ein alter Ofen und ein Sessel. Sie betritt das kleine Zimmer, in dem ein zerwühltes Bett steht. Auf dem Boden liegen Schuhe, Wäsche und jede Menge Bücher.

Hugo läuft derweil wie ein Spürhund durch die Zimmer, hin zu einer schmalen Stiege, die ins obere Geschoß führt.

„Darf ich da rauf?", fragt er und ist auch schon verschwunden.

„Geh mal mit", bittet Olga.

Fee folgt ihrem Bruder über die schmale Stiege nach oben. Dabei knarren die Stufen bei jedem Tritt. Es kommt ihr so vor, als würde das alte Haus knurren. Wie eine Warnung, ihm nicht zu nahe zu kommen.
„Ich will *da* schlafen!", ruft Hugo.
„Keine Chance", sagt Fee und drückt sich an ihm vorbei ins Zimmer. Sie erkennt es sofort wieder, auch wenn es ihr scheint, als wäre das Zimmer geschrumpft. In ihrer Erinnerung war es größer.
„Und wo soll ich schlafen?", fragt Hugo und macht einen Schmollmund.
„Frag Mama", sagt Fee und schiebt Hugo in den schmalen Flur.
Durch das Fenster an der gegenüberliegenden Wand fällt warmes Sonnenlicht herein. Fee sieht ihre Mutter mit den Fahrradtaschen auf der Schulter näher kommen. Wegen der dreckigen Scheibe ist sie nur verschwommen zu erkennen.
In dem Zimmer nebenan steht ein Doppelbett.
Olga kommt die Treppe herauf und betritt das Zimmer. Sie lässt die Fahrradtaschen auf das Bett fallen.
„Meine Güte, hier hat sich aber auch gar nichts verändert", sagt Olga.
Fee läuft weiter bis zum Ende des Ganges.
Sie bleibt vor einer Tür stehen und sieht sich um.
„Sollen wir da mal rein?", fragt sie.
„Lieber nicht", sagt Hugo.
Aber Fee drückt die Klinke hinunter und öffnet die Tür.
In dem Zimmer ist es dunkel, bis auf einen schmalen Lichtkegel, der aus dem Flur hineinfällt.
„Da hat Karl gelebt", sagt Olga leise.
Fee erkennt in dem finsteren Raum ein Bett, und vermutlich

ist der Schatten an der Wand ein weiterer Schrank. Es könnte aber auch etwas anderes sein.
„Wer ist Karl?", fragt Fee.
„Karl war der Bruder von Franziska", antwortet Olga.
„Und wer ist Franziska?"
„Das war Hugos Frau."
„Und wo sind die jetzt?"
Olga sagt: „Hugo ist offensichtlich im Wald. Und Karl und Franziska sind kurz vor deiner Geburt gestorben. Seitdem sind übrigens die Vorhänge in diesem Zimmer geschlossen."
Fee versucht sich die Menschen vorzustellen, die hier gelebt haben und jetzt tot sind. Das ist irgendwie seltsam, fast schon gruselig.
„Ich will raus", sagt Hugo und zieht an Olgas Hand.
„Warum darf man den Vorhang denn nicht öffnen?", fragt Fee.
„Hugo will das nicht", erklärt Olga.
„Und warum?"
„Das weiß ich nicht." Olga dreht sich um und läuft durch den schmalen Gang zur Treppe. „Hugo ist wie ein Stein. Wenns um Karl und Franziska geht, bringt man kein Wort aus ihm heraus."
Fee sieht ihrer Mutter nach, die mit Hugo über die Treppe nach unten steigt.
Als Fee die erste Stufe betritt, dreht sie sich noch einmal um. Die Tür zu dem dunklen Zimmer steht offen. Fee spürt, dass da etwas ist, das sie nicht wissen darf. Das macht sie neugierig. Aber auch ängstlich.
Schnell springt sie über die schmale Stiege nach unten und rennt durchs Wohnzimmer nach draußen.

10

„Die Kröte lebt ja noch", sagt Hugo.
Er läuft zu dem Schleifstein, auf dem sich die Kröte langsam bewegt.
„Wie kann das denn sein?", fragt Fee.
Hugo nimmt das träge Tier in die Hand.
Mittlerweile ist die Luft warm und aus dem Bach steigt der frische Duft von fließendem Wasser.
„Vermutlich wacht sie gerade aus ihrer Winterstarre auf", überlegt Olga. „Und ich dachte schon, ich hätte sie getötet."
Hugo setzt die Kröte ins Gras.
Olga stellt sich neben ihn, und gemeinsam beobachten sie, wie das träge Tier durch das Gras krabbelt.
„Und wer ist das?", fragt Fee.
Olga hebt den Kopf. „Oh-ha ...", sagt sie und küsst Hugo auf die Stirn. „Dein Papa ist im Anmarsch. Sollen wir ihm mal entgegengehen, kleiner Kröterich?"
„Bin kein kleiner Kröterich", sagt Hugo und versteckt sich hinter Olga.
„Der ist aber dünn", sagt Fee.
„War der immer schon", bestätigt Olga.
Fee sieht zu dem Mann, den sie sofort leiden mag, so wie er dasteht, mit einem Fahrrad, das viermal länger ist als ein normales Fahrrad. Auf einer Stange sind mehrere Sitze montiert, und bei genauerem Hinsehen erkennt Fee, dass das Fahrrad aus zwei Fahrrädern besteht, die irgendwie miteinander verbunden sind. Der schlaksige Mann steht auf der Brücke, die den Waldweg vom Kotten trennt.
Olga geht mit Hugo an der Hand auf ihn zu.
Als sie wenige Meter vor ihm stehen bleiben, hakt sie sich bei Fee unter und sagt: „Puls von 200."

Die Ankunft

1

„Oh Mann, wie lange ist das her?! Bist dus wirklich? Ich fass es nicht!"

„Hallo Finn", sagt Olga tonlos. Sie steht vor dem großen dünnen Mann, der von einem Bein aufs andere tänzelt. Sein Shirt ist voller Farbkleckser, und Fee überlegt, ob das Ding auf seiner Stirn eine Brille für Bergsteiger ist. In jedem Fall sind die Locken auf seinem Kopf eins a Hugo-Locken.

„Das ist Fee", sagt Olga.

„Das große Zoran-Mädchen!", ruft Finn.

„Hallo", sagt Fee.

„Und du bist Hugo?", fragt Finn und hockt sich auf den Boden.

„Kennst du Mamas Opa?", fragt Hugo. „Der heißt wie ich."

„Aber sicher!", sagt Finn. „Den kenne ich schon ewig. Mindestens sooo lange." Er breitet seine Arme aus.

Dann steht er wieder auf und macht einen Schritt auf Olga zu.

„Weißt du, wo Hugo ist?", fragt Olga.

„Im Wald, würde ich sagen." Finn tritt wieder von einem Bein aufs andere. „Hab ihn gestern noch gesehen. Du weißt ja, die große *Sinfonie vom Mühlbachtal*."

„Was für eine Sinfonie?", fragt Olga und streicht sich eine Strähne hinters Ohr.

„Das Hugo-Projekt. Alles wird aufgenommen, weil alles Musik ist. Das Rauschen des Mühlbachs und die Schreie der Tiere und so. Hat er dir davon nichts erzählt?"

Olga sagt: „Nein", und lächelt unsicher. „Soll das heißen, Hugo ist im Wald und nimmt Geräusche auf? Wie lange macht er das schon?"

„Keine Ahnung", sagt Finn. „Ich würde sagen, seit ein paar Wochen."
Finns Worte bleiben in der Luft hängen, und Olga sieht lächelnd in den Wald.
Fee hält den Atem an. Zwischen ihrer Mutter und Finn ist eine Spannung, die ihr die Luft nimmt. Und auch Hugo scheint davon berührt zu sein. Er steht mit halb offenem Mund da und starrt auf seine Mutter, die noch immer schweigend lächelt, während Finn auf den Boden sieht.
„Sollen wir mal eine Runde mit meinem Rad drehen?", fragt er schließlich. „Im Taubenschlag warten ein paar Leute auf euch."
„Auf *dem* Ding da?", fragt Olga und lacht.
„Das ist mein Quadem!", ruft Finn. „Das habe ich extra für euch gebaut."
„Das hast du gerade erst zusammengeschweißt?", fragt Olga.
Finn tippt sich an die Brille. „Könnte sein." Und zu Hugo sagt er: „Das ist übrigens eine Schweißerbrille. Weißt du, wofür man die braucht?"
„Nein", sagt Hugo.
„Zum Schweißen!", verrät Finn.
„Sehr geistreich", bemerkt Olga und verdreht die Augen.
„Wenn du willst, zeige ich dir mal, wie das mit dem Schweißen geht. Dafür müsst ihr aber aufsteigen! Fährst du auch mit mir, großes Zoran-Mädchen?"
„Klar", sagt Fee.
„Auf keinen Fall!", widerspricht Olga. „Du nimmst bitte dein Rad! Wir müssen ja schließlich auch wieder zurück."
„Ich kann euch fahren", sagt Finn. „Ganz seriös. Das schwöre ich bei allem, was mir heilig ist."

„Dir ist nichts heilig", sagt Olga lachend.
„Dann eben bei allem, was *dir* heilig ist", ergänzt Finn und scheint zu überlegen. Er sieht von links nach rechts, und als sein Blick auf Hugo fällt, ruft er: „Oder sagen wir so: Ich schwöre es bei dem, was *uns* heilig ist."
„Geht das auch einen Nummer zurückhaltender?", fragt Olga und setzt sich auf ihr Rad.
Im selben Moment schreit Hugo: „Da ist sie wieder!", und zeigt auf den Boden, wo die Kröte hockt.

2

Hugo hoppelt wie ein Flummi auf dem Sattel, als Finn eine Viertelstunde später vom Waldweg abbiegt.
„Willkommen im Taubenschlag!", schreit er und umrundet eine große Birke, in der unzählige bunte Stoffbänder im Wind flattern. Der zart blühende Baum steht in der Mitte eines kleinen Platzes, der von zwei kleinen Fachwerkhäusern und einer Scheune umgeben ist.
Fee denkt an ein Dorf im Wald. Finn dreht mit ausgestreckten Beinen eine weitere Runde über den Hof, als ein riesiger Hund mit gesenktem Kopf auf ihn zu trabt. Sein Fell ist braunschwarz gesprenkelt, und Fee möchte gar nicht wissen, was sein riesiges Maul mit einem dünnen Hugo-Bein anfangen könnte. Vielleicht hat sich das Ungetüm bereits entschlossen, ihren Bruder als Mittagsimbiss zu verdrücken.
Finn springt von seinem selbst gebauten Rad und hebt Hugo aus dem Sattel.
„Das ist Zerberus, der Höllenhund", sagt Finn, während Hugo knapp vor dem Ungetüm steht, das auf ihn hinabsieht.
„Der tut aber nix. Den kannst du immer streicheln, auch wenn er frisst. Nicht wahr, du Stinker?"

Finn klopft dem gescheckten Hund auf das struppige Fell, und Fee sieht eine Staubwolke in die Luft steigen.
„Ist der immer ohne Leine draußen?", fragt sie.
„Der kann machen, was er will", sagt Finn. „Aber nicht im Haus. Da darf er nur rein, wenn er sauber ist."
„Und sauber ist er eigentlich nie", sagt ein Mann, der aus einem der Häuser in den Hof kommt. Der Mann hat einen mächtigen Kugelbauch und kratzt sich am Bart.
„Ey, Ernie, *du* lässt Zerberus doch immer ins Haus."
„Na und?", entgegnet der Mann und lehnt sich gegen die Birke. Derweil lässt sich Zerberus schwerfällig vor ihm auf den Boden fallen.
„Ich bin Ernst-Rudolf", sagt der dicke Mann. „Aber für euch bitteschön Ernie. Den Doppelnamen habe ich meiner Mutter zu verdanken. Die hat mich wegen ihres Opas so genannt. Fürchterliche Sache."
„Wie bei meinem Bruder", sagt Fee.
„Ich weiß", sagt Ernie und lächelt vielsagend. „Euren Ur-Hugo kenne ich gut."
Ernie hat die Augen zu Schlitzen zusammengekniffen und betrachtet Fee. Dann sagt er: „Und du bist Fee, nicht wahr? Gehts Zoran gut?"
Fee sagt: „Yep", und denkt an Holland und an den Strand und die kleine Bar, in der sie morgen eigentlich wäre, um mit einem Milchshake aufs Meer zu sehen.
Und dann sieht Fee eine blonde Frau über den Hof laufen. Sie trägt ein Shirt und einen Rock und hat das Haar zu einem großen Knäuel nach oben gesteckt.
Als sie vor Fee stehen bleibt, sagt sie: „Hallo Fee, ich bin Paula. Du bist doch Fee, oder?"
Fee sagt „Ja", und sieht im Augenwinkel, wie zwei Frauen

aus der Scheune kommen. Sie tragen Arbeitskleidung und haben die gleichen Schweißerbrillen auf der Stirn wie Finn.
„Das sind Keto und Juli", verrät Ernie.
Die Frauen winken herüber, und Fee sieht zugleich drei Männer den Hof betreten.
„Und hier kommen Daniel, Tom und Bente", sagt Paula. „Die bauen gerade eine Bühne im Wald."
„Wohnen die alle hier?", fragt Fee.
„Ja klar", sagt Finn. „Das ist der *Taubenschlag*. Quasi ein Kommen und Gehen."
Er zeigt zu der Einfahrt mit dem baumelnden Holzschild, auf dem das Wort *Taubenschlag* geschrieben steht.
Da biegt Olga mit dem klappernden Anhänger in den Hof ein. Finn lächelt unsicher.
Und Ernie schreit: „Und hier kommt auch schon die letzte Teilnehmerin ins Finish! Weit abgeschlagen vom Hauptfeld, aber trotzdem noch in der Zeit, erstreitet sie den wohlverdienten letzten Platz. Bitte einen riesigen Applaus für ... Olgaaa!"
Ernie klatscht in die Hände und rennt auf Olga zu. Und auch die anderen applaudieren begeistert.
Da fragt Hugo: „Bist du mein Vater?"
Finn wirbelt herum. Sein Blick hat etwas Erschrecktes.
Dann sagt er: „Ja, das bin ich. Ich hoffe, das ist okay für dich."
Hugo nickt.
Und Olga steigt von ihrem Rad.
„Wann schweißen wir?", fragt Hugo.
„Von mir aus jetzt", sagt Finn und schielt zu Olga, die langsam näher kommt.

3

Nachdem Fee eine Stunde lang mit ihrer Mutter und den Menschen aus dem Taubenschlag unter der Birke im Hof gesessen und selbst gebackenes Brot mit Marmelade gegessen hat, fragt Paula: „Soll ich dir den Taubenschlag zeigen?"
Fee sagt: „Warum nicht?", und folgt Paula in die Scheune, wo Finn gerade eine Konstruktion aus Kanistern vom Boden hebt.
„Hier könnte mal aufgeräumt werden", sagt Paula.
„Wer arbeitet, räumt nicht auf", widerspricht Finn.
„Was ist das?", fragt Fee und zeigt auf die Kanister, die mit Kabelbindern zusammengehalten werden. Ein Tau, an dessen Ende ein Karabinerhaken hängt, ist am oberen Kanister befestigt. Das Ding sieht aus wie ein Floß.
„Das ... äh ... ist ..." Finn kratzt sich am Kopf und sieht Hugo an. „Das ist eine Zeitmaschine, die schwimmen kann. Wenn du darauf im Mühlbach fährst, musst du aufpassen, dass die irgendwo befestigt ist. Du musst wissen, stromabwärts ist es gefährlich. Da wohnen böse Menschen. Und das ist eine Hühnerampel." Finn zeigt auf einen Kasten mit drei Lampen. „Die brauchen unsere Hühner, damit sie wissen, wann sie Eier legen sollen."
„In Wirklichkeit sind das Wärmelampen", verrät Paula, „damit unsere Hühner im Winter nicht frieren."
„Und wie geht schweißen?", fragt Hugo.
„Ach ja, das wollten wir ja auch noch machen", sagt Finn.
Hugo nickt, und Paula stupst Fee an.
„So, und jetzt zeige ich dir unsere Hühner", sagt sie, verlässt die Scheune und geht zu dem gegenüberliegenden Haus. Zerberus folgt ihnen, aber Paula knallt ihm die Tür vor der Nase zu.

„Der alte Zottel kommt nicht ins Haus", sagt sie streng. „Wenigstens ein Ort im Taubenschlag sollte sauber bleiben."

Fee sieht durch ein kleines Fenster in der Tür in den Hof. Zerberus sitzt mit traurigem Blick auf dem Kopfsteinpflaster und winselt leise.

Dann folgt sie Paula in die Küche.

„Was ist denn stromabwärts?", fragt Fee.

„Du meinst Finns Geschichte von den bösen Menschen?" Paula sieht plötzlich ernst aus. „Wenn du den Mühlbach runtergehst, kommst du in die Neubausiedlung. Wir hatten wegen Zerberus mit den Bewohnern Ärger. Er ist durch ihre Gärten gelaufen. Das fanden die Leute gar nicht lustig. Anscheinend hatten sie Angst vor unserem großen Teddy. Und dann ist Zerberus eines Tages nicht mehr zurückgekommen."

Paula verzieht das Gesicht zu einer gequälten Grimasse.

„Und was war da?", fragt Fee.

„Das ist eine traurige Geschichte", sagt Paula. „Jemand hatte Zerberus mit einem Messer am Rücken verletzt. Wir fanden ihn nicht weit von hier am Mühlbach liegen. Er war fast tot."

„Oh nein", sagt Fee und sieht noch einmal nach draußen. Zerberus liegt mittlerweile wieder neben der Birke.

„Seitdem ist er ein richtiger Angsthase", erzählt Paula weiter. „Er hängt nur noch im Hof rum und will nicht mal mehr mit uns in den Wald gehen. Das hat natürlich zur Folge, dass er immer dicker wird."

Paula läuft durch die Küche und öffnet eine Tür zum Garten.

„Ansonsten ist das hier ein Paradies", sagt sie. „Ich bin noch immer froh, dass Finn und Zoran den Taubenschlag gekauft haben."

„Mein Papa hat das hier gekauft?"

Fee hat einige Mühe, von der traurigen Geschichte um Zerberus auf ihren Vater umzuschwenken.

Paula sagt: „Ja, zusammen mit Finn", und tritt in den Garten hinaus, in dem ein roter Bauwagen steht. Mehrere Hühner stolzieren über die Wiese und schieben sich unter den Büschen zur Hecke. Ein schiefes Törchen trennt den Garten vom Ufer des Mühlbachs.

„Hat Mama auch hier gewohnt?", fragt Fee.

„Am Anfang schon", sagt Paula. „Doch als du geboren wurdest, ist sie mit dir und Zoran zu Hugo gezogen."

Fee folgt Paula über die Wiese zum Bauwagen. Ein paar Hühner rennen flügelschlagend davon.

„Euch hab ich ja ganz vergessen", ruft Paula und duckt sich unter einem herabhängenden Kirschbaumzweig hindurch.

Hinter dem kleinen Tor inmitten der Hecke stehen zwei Jungs und sehen in den Garten. Der größere der beiden hat blonde Haare und Sommersprossen, der Junge neben ihm ist einen Kopf kleiner und hat die gleichen Sommersprossen, aber dunkle Haare.

„Hallo Hannes, hallo Anton, ihr wollt Eier holen, nicht wahr?" Paula winkt den beiden zu.

Der größere nickt lächelnd, aber der kleinere sieht finster drein, als hätte er schlechte Laune.

„Wie viele Eier wollt ihr denn?"

„Wenns geht, zwanzig", sagt der größere.

„Oh, so viele habe ich nicht mehr." Paula zuckt entschuldigend mit den Schultern.

„Meine Mama will aber zwanzig", sagt der kleinere Junge und reckt sich in die Höhe.

„Was redest du für einen Scheiß", zischt der größere.

Paula sieht die beiden fragend an.

Schließlich sagt sie: „Morgen könnt ihr wieder welche haben. Ihr wisst ja, ein Huhn legt täglich ein Ei. Und wir haben nicht so viele Hühner."

Da dreht sich der kleinere Junge um. Er brummt etwas Unverständliches und macht ein paar Schritte zum Mühlbach. Der größere Junge zuckt mit den Schultern. „Ich komm dann morgen einfach nochmal", sagt er und sieht Fee lächelnd an.

„Ja, das mach mal", sagt Paula und geht in die Küche.

„Bist du neu hier?", fragt der Junge.

Fee sagt: „Ja."

„Und von wo kommst du?"

Fee weiß plötzlich nicht mehr, was sie sagen soll. Ihr Kopf wird heiß und beginnt zu kribbeln. Irgendwas läuft gerade aus dem Ruder, und diesmal ist nicht ihre Mutter mit ihrer Hibbeligkeit schuld daran. Diesmal ist es etwas anderes, das Fee verunsichert. Nur weiß sie nicht, was.

„So, hier sind noch fünf Eier", sagt Paula. „Und, wie gesagt, morgen gibt es wieder neue."

Der Junge kramt in seiner Hosentasche und hält Paula ein paar Münzen entgegen.

„Bezahl morgen, wenn ihr die anderen Eier holt", schlägt Paula vor.

„Und wenn die Hühner keine Eier mehr legen?", ruft der kleinere Junge. Er schaut noch immer auf den Mühlbach.

„Keine Sorge", sagt Paula. „Morgen gibt es wieder welche. Das verspreche ich euch."

„Vielen Dank, bis morgen", sagt der größere Junge und sieht Paula entschuldigend an. Dann wirft er Fee noch einen kurzen Blick zu, ehe er auf den Weg tritt und seinem Bruder einen Schlag in den Nacken verpasst.
„Die beiden kommen zum Beispiel auch aus der Neubausiedlung", verrät Paula. „Aber sie sind eigentlich ganz nett. Ich frag mich nur, was das mit der Mutter sollte. Die wohnt doch gar nicht mehr bei denen."

4

Bis zum Abend haben Finn und Hugo ein krummes Gebilde aus Metall geschweißt und an den Stamm der Birke gehängt, in deren Zweigen die bunten Stoffbänder wehen.
„Wollt ihr nicht über Nacht bleiben?", fragt Paula. Finn und Ernie füllen gerade ein Fass mit Holzscheiten und legen brennende Reisigbündel obenauf. „Wir könnten was kochen und ihr fahrt morgen zurück."
Olga schüttelt den Kopf. „Hugo wartet auf uns. Außerdem haben wir nichts für die Nacht dabei."
„Hugo schläft eh im Wald", sagt Finn und bläst ins Feuer, das sich zu ducken scheint, ehe es auflodert.
„Dein Ernst?" Olga sieht Finn überrascht an.
„Ja", sagt er. „Hugo will unbedingt noch eine Frühlingsnacht aufnehmen. Dann ist seine *Sinfonie vom Mühlbachtal* beendet."
„Ich will nicht im Wald schlafen", sagt Hugo und lehnt sich gegen Olga. Dabei klimpert er vor Müdigkeit mit den Augen.
„Was meinst du?", fragt Olga und sieht Fee an. „Sollen wir hierbleiben?"
„Warum nicht?", sagt Fee und denkt an die Jungen, die morgen vorbeikommen wollen, um Eier zu holen. Vor allem

denkt sie an den größeren der beiden mit seinen Sommersprossen im Gesicht.

„Also dann ..." Olga wirft Finn einen verstohlenen Blick zu. „Dann schlafen wir wohl hier."

Finns Beine wippen im Licht des Feuers unter dem Tisch, und Fee spürt schon wieder etwas zwischen ihm und ihrer Mutter, was sie kopfkribbelnd seltsam findet.

Nach einer großen Schüssel Nudeln in Bärlauchpesto sitzt Fee noch eine Weile im Hof. Sie ist in eine Decke gehüllt und lauscht den Gesprächen. Dabei erfährt sie, dass Keto und Juli in der Scheune ihre Kunstwerke zusammenschweißen, die sie in der ganzen Welt verkaufen.

„Und wir bauen morgen die Bühne überm Mühlbach weiter", sagt Bente. „Dann sehen die Leute im Hintergrund die Sonne untergehen, während vor der Bühne der Mühlbach fließt."

„Hugo wirds gefallen", sagt Finn. „Der rauschende Bach ist doch ein Teil seiner Sinfonie."

„Meint ihr, Hugo kommt zum Festival?", fragt Paula und sieht Olga an.

„Hugo auf einem Festival?", sagt Olga lachend. „Never!"

„Hoffentlich gibt es keinen Stress mit den Leuten aus der Neubausiedlung", sagt Ernie nachdenklich.

„Dieses Jahr können die uns gar nichts anhaben", erwidert Finn. „Sogar der Bürgermeister will kommen. Da sind die Neubauis schön still."

Fee stützt ihren Kopf in die Hände. Ihre Haut ist vom Feuer an der einen Seite ganz warm, und sie hat Mühe, wach zu bleiben. Als sie ihren Kopf auf ihre Arme legt, schläft sie kurz ein.

„Komm mal mit, großes Zoran-Mädchen", sagt Finn. „Ich zeig dir dein Bett."
Finn geht mit Fee in die obere Etage des kleinen Fachwerkhauses und betritt das Zimmer, in dem sie heute Nacht schlafen soll. Olga folgt den beiden und legt Hugo in das breite Doppelbett, das mitten im Raum steht.
„Mama?", sagt Fee.
Olga sieht Fee an, die sich neben Hugo unter die Decke legt.
„Ich hab dich lieb", sagt Fee.
„Und ich hab dich immer einmal mehr lieb als du mich!", sagt Olga und vergräbt ihre Nase in Fees dunklem Haar.

5

Am nächsten Morgen wird Fee von einem Tritt geweckt. Hugo liegt neben ihr, und seine Wangen sind vom Schlaf ganz rosig. Er hat den Mund kreisrund geöffnet und schnarcht leise.
Fee weiß zuerst nicht, wo sie ist.
Ein niedriges Zimmer, dunkle Holzbalken an den Wänden und ein weicher Teppich, den ihre Füße berühren, als sie aus dem Bett steigt.
Sie tritt an das kleine Fenster und sieht die bunten Stoffbänder in den Zweigen der Birke flattern. Der Himmel ist strahlend blau, ohne eine einzige Wolke, und Zerberus döst in der Sonne, während Keto und Juli ein Gestell aus Eisen über den Hof tragen.
Fee schleicht zur Tür hinaus, um Hugo nicht zu wecken, und geht am Nachbarzimmer vorbei zur Treppe. Dort betritt sie die erste Stufe und ...
Halt!
Was war das?

Fee schleicht zurück und lugt in das Nachbarzimmer. Ihre Mutter liegt in einem großen Bett. Daneben ist Finn. Beide schlafen unter einer Decke. Und beide haben nackte Schultern.

Mit eingezogenem Kopf schleicht Fee zurück und stellt sich vor Hugo, der gähnend seine Augen reibt.

Fee sagt übertrieben laut: „Guten Morgen! Hast du gut geschlafen? Sollen wir mal aufstehen und nach unten gehen?"

„Warum schreist du so?", nuschelt Hugo verschlafen.

„Weil Mama wach werden soll", denkt Fee und ruft: „Steh auf du Pennbär!"

„Bin kein Pennbär!", ruft Hugo und verkriecht sich unter die Decke.

Fee lugt zur Tür hinaus und sieht ihre Mutter über den Flur ins Badezimmer huschen.

„Such mich!", kommt es unter der Decke hervor.

„Nee, such *mich*!", entgegnet Fee und läuft am Nachbarzimmer vorbei zur Treppe. Im Augenwinkel sieht sie Finn, der unverändert unter der Decke liegt und schläft. Dann springt sie nach unten in die Küche.

Paula steht vor dem roten Bauwagen und hält eine Schale mit Eiern in der Hand.

„Na, schon wach?", hört Fee über sich.

Olga steht oben an der Treppe und trägt ein zu viel zu großes Shirt. Das Shirt hat überall Farbflecken.

Fee sagt zögernd: „Ja ... und du?"

„Auch", sagt Olga und kommt nach unten. Sie gibt Fee einen flüchtigen Kuss auf die Wange und geht in den Garten.

„Ich hab gar nicht mitbekommen, wann ihr ins Bett gegangen seid", sagt Paula.

„Irgendwann nach Mitternacht", sagt Olga.

„Hab dich!", schreit Hugo, der plötzlich neben Fee steht. Als er Olga sieht, rennt er in den Garten und springt in ihre Arme. Er legt seinen Kopf in ihre Halsbeuge und sagt: „Du riechst komisch."
Olga sagt: „Wirklich?", und stellt ihn auf die Wiese zurück.

Wenig später verlässt Fee das Haus und steuert auf Zerberus zu, der sich schwerfällig vom Boden erhebt und leise winselnd auf sie zu gelaufen kommt. Sein Kopf reicht bis an Fees Schulter. Sie sieht seine riesigen Zähne und tätschelt seinen Nacken. Eine Staubwolke verlässt das Fell und Fee kneift die Augen zu.
Da hört sie: „Guten Morgen."
Fee dreht sich um. Der Junge von gestern steht da. Diesmal ohne seinen kleineren Bruder.
„Ist Paula da?", fragt er.
Fee macht: „Mmh", und zeigt zum Fachwerkhaus.
Der Junge streichelt Zerberus' Kopf, der dabei wohlig brummt.
„Die Stelle mag er am liebsten", sagt er.
„Kennst du Zerberus?", fragt Fee.
„Klar kenne ich den. Den kennen doch alle. Oder hast du schon mal so einen riesigen Hund gesehen?"
Fee sagt: „Nein", und erinnert sich daran, was Paula gestern über die Neubausiedlung erzählt hat.
„Zerberus wär fast mal gestorben", sagt sie.
„Wirklich?" Der Junge sieht erstaunt aus. „Warum denn?"
„Jemand hat ihn mit einem Messer verletzt, weil er durch eure Gärten gerannt ist."
„Durch unseren Garten?"
„Ja ... nein", stammelt Fee. Plötzlich fühlt sie wieder dieses

Kribbeln am Kopf. So langsam nervt das. Und auch jetzt hat das nichts mit ihrer Mutter und deren Hibbeligkeit zu tun.
„Ich hol mal die Eier", sagt der Junge und dreht sich um.
„Ich heiße übrigens Hannes", sagt er noch, bevor er im Haus verschwindet.
Fee steht wie ein Pfahl unter der Birke. Ein paar bunte Stoffbänder flattern um ihren Kopf und kitzeln sie. Fee lässt ihren Blick über den Hof schweifen. Auf dem Tisch, an dem sie gestern saßen, stehen leere Flaschen, und in dem Fass, wo das Feuer brannte, ist nur noch Asche.
Zerberus sitzt mit hängendem Kopf vor der Tür, hinter der Hannes verschwunden ist. Und als Hannes nach einigen Minuten mit einem Eierkarton in der Hand zurückkommt, denkt Fee, dass ihre Mutter heute Nacht in Finns Bett geschlafen hat, und das lässt ihren Kopf noch stärker kribbeln.
„Alles klar mit dir?", ruft Hannes.
Fee faucht: „Nein!", und stapft mit großen Schritten davon.
„Du weißt schon, dass du nur eine Unterhose trägst?", ruft Hannes.

6

Nachdem Fee sich angezogen hat, ist das Kopfkribbeln zwar weg, aber sie schämt sich trotzdem, weil Hannes sie in der pinken Unterhose mit den Flamingos gesehen hat.
Jetzt steht sie unter dem *Taubenschlag*-Schild, und Hannes fragt: „Hast du keine Schule?"
„Doch", sagt Fee. „Und du?"
„Unsere Lehrer machen heute einen Ausflug."
„Wir machen auch so eine Art Ausflug", sagt Fee.
Hannes nickt, als würde er über das nachdenken, was Fee gerade gesagt hat.

Als sie beide eine Weile geschwiegen haben und Fee nicht weiß, was sie sagen könnte, sieht sie auf Zerberus, dessen Kopf zwischen den Pfoten liegt. Er entlässt einen langen Seufzer, und Fee ist noch immer erstaunt, wie groß ein Hund sein kann. Vielleicht ist er eine Kreuzung aus Bär und Pony.
„Stehst du eigentlich immer so früh auf?", fragt Fee schließlich.
„Meistens schon", antwortet Hannes. „Morgens ist es im Wald am schönsten."
„Dein Ernst?" Fee sieht Hannes ungläubig an. Dabei fällt ihr auf, dass er auch auf den Händen Sommersprossen hat. „Ist das nicht schwer, so früh aufzustehen, wenn man nicht muss?"
Hannes sagt: „Nein", und schiebt einen Stein mit seinem Fuß über den Boden. Zerberus verfolgt die Bewegung aus schläfrigen Augen.
„Und dein Bruder?" fragt Fee. „Steht der auch früh auf?"
„Mein Bruder? Nein."
Hannes scheint nicht über seinen Bruder reden zu wollen. Stattdessen fragt er: „Soll ich dir den Wald zeigen?"
„Gerne!", sagt Fee.

Der Wald ist wie ein riesiges, atmendes Wesen, das voller Leben ist und zugleich eine unerschütterliche Ruhe ausstrahlt. Er ist einfach da und braucht niemanden, auch nicht Fee, die einige Mühe hat, Hannes bei seinem Zickzack-Lauf zwischen den Bäumen zu folgen.
„Wohin gehen wir denn?", ruft Fee.
Hannes springt über Äste und duckt sich unter herabhängenden Zweigen. Dabei hält er den Eierkarton sicher in der Hand.

Nach einigen Minuten ruft er: „Da ist es!"
Er klettert auf einen Baum, der umgestürzt auf dem Boden liegt.
Als Hannes Fee seine Hand reicht, ignoriert sie diese und ist mit einem Sprung oben.
„Oh mein Gott!", ruft Fee, als sie auf dem Baumstamm steht.
Vor ihr liegt ein schillernder Teich, umstanden von Bäumen, deren Zweige bis ins Wasser hängen. Fee lässt den Blick über das stille Gewässer schweifen und denkt an eine Märchenlandschaft, so unwirklich ist dieser Ort.
„Schön hier", sagt sie leise.
„Ja, oder?" Hannes sieht Fee lächelnd an.
In seinem Gesicht funkelt das Sonnenlicht, das vom Wasser gespiegelt wird.
Er legt den Eierkarton auf den Baumstamm und springt ans Ufer des Teiches.
„Es sind noch mehr gekommen!", ruft er begeistert.
Fee versucht zu erkennen, was es ist, das er meint, und rutscht an der bemoosten Baumrinde hinab.
In dem klaren Wasser, durch das sie bis auf den schlammigen Grund sehen kann, sind unzählige Kröten. Sie treiben mit ausgestreckten Beinen unter der Wasseroberfläche oder schwimmen umher, berühren und umklammern einander.
„Warum sind das so viele?", fragt Fee und hockt sich auf den grasigen Waldboden.
„Die sind hier geboren", sagt Hannes. „Wenns im Frühling wärmer wird, kommen sie aus den Wäldern zurück."
„Und was machen die jetzt hier?", fragt Fee und schielt zu Hannes.
„Eier legen", sagt er.

Hannes zeigt mit einem dünnen Zweig ins Wasser, wo Fee einen gallertigen Klumpen mit schwarzen Punkten entdeckt.
„Das ist Krötenlaich", sagt er. „Die schwarzen Punkte in der wabbeligen Masse werden später Kaulquappen. Und aus den Kaulquappen werden dann Kröten."
„Wir haben gestern eine Kröte überfahren", sagt Fee. „Die lebte aber noch."
Sie entdeckt immer mehr Kröten in dem klaren Wasser. Es scheint, als würden die Tiere miteinander fangen spielen. Sie verpassen sich gegenseitig Tritte und tauchen untereinander weg oder verharren reglos an der Wasseroberfläche.
Hannes sieht Fee an.
Dann sagt er: „Hier bin ich am liebsten. Das ist der schönste Ort im Wald."
Im selben Moment hört Fee etwas knacken, direkt hinter sich. Sie dreht sich um, sieht aber nichts. Und als es erneut knackt, sagt Hannes: „Achte nicht drauf."
„Auf was denn nicht?", fragt Fee.
Da klatscht ihr etwas gegen den Kopf.
Hannes springt hoch. Fee hört ein schrilles Lachen hinter sich und sieht jemanden zwischen den Bäumen davonlaufen.
Hannes schreit: „Du Arschloch!"
Fee fasst sich ins Haar und berührt etwas Glibberiges, das an ihren Fingern herabtropft.
„Das ist ein Ei", sagt sie ungläubig.
„Das war mein bescheuerter Bruder", sagt Hannes und schlägt einmal kurz in die Luft.
Fee wischt ihre Hand an dem bemoosten Stamm ab. „Hast du nicht gesagt, der steht nicht gerne früh auf?"

„Tut er auch nicht", brummt Hannes. „Es sei denn, er kann mich nerven."

Als sie wieder zurückgehen, fragt Hannes: „Wie lange bleibst du eigentlich?"
Fee sagt: „Bis Sonntag. Warum?"
„Nur so."
Hannes trägt den Eierkarton, in dem ein Ei fehlt.
Als sie den Weg zum Taubenschlag erreicht haben, sagt Hannes: „Anton wollte übrigens mich treffen."
Er macht zwei, drei Schritte rückwärts über den Weg. „Bis morgen vielleicht. Tut mir leid."
„Tschüss", sagt Fee und dreht sich um.

7

„Wo warst du?", ruft Olga.
„Im Wald", antwortet Fee. „Wie spät ist es denn?"
„Gleich zehn." Olga geht zu den Rädern. „Kommst du mit? Ich fahre jetzt zu Hugo, mal sehen, ob er da ist."
Fee läuft über den Hof, vorbei an Zerberus, der in der Sonne döst und wohlig schnauft.
„Was hast du in deinem Haar?", fragt Olga.
„Ein Ei", sagt Fee.
„Ein Ei?"
„Mmh."
„Und warum?"
„Weil mir das Hannes' Bruder an den Kopf geworfen hat."
„Wer ist Hannes?"
„Den habe ich gestern kennengelernt."
Olga sagt: „Aha", und Fee fragt: „Mama? Bist du jetzt mit Finn zusammen?"

„Ich?", sagt Olga und beugt sich über ihr Rad. Sie fummelt ohne erkennbaren Grund am Anhänger herum.
Da sagt Fee: „Mama?"
„..."
„Mama!"
„..."

Der Weg führt in einer Schleife hügelaufwärts am Taubenschlag vorbei. Nach gut zweihundert Metern sieht Fee die beiden Fachwerkhäuser und die Scheune von oben, sowie die Birke mit den bunten Bändern.
Zehn Minuten später erreichen sie Hugos alten Kotten, der zwischen den umstehenden Bäumen und dem Mühlbach zu schlafen scheint.
Olga lehnt ihr Rad gegen den Schleifstein und geht ins Haus.
„Jemand da?", ruft sie.
Fee bleibt draußen stehen und sieht sich um. Das schiefe alte Haus mit dem hölzernen Wasserrad überm Bach erinnert an einen Märchenfilm, den sie mal gesehen hat – irgendwie schön, aber auch unheimlich.
Sie geht ums Haus und blickt an der Fassade hinauf zu dem Fenster, das mit dunklem Stoff verhängt ist. In dem Zimmer daneben steht Olga. Sie hat ihr Handy am Ohr und lächelt.
Fee geht weiter und lugt durch die Scheibe, hinter der Hugos Schlafzimmer liegt. Dort ist alles unverändert.
„Fee?", ruft Olga. „Ich habe gerade mit Finn telefoniert. Jemand hat Hugo eine Stunde von hier gesehen. Finn glaubt, dass er erst morgen zurückkommt."
Fee nickt. „Und jetzt?"
„Jetzt komme ich mal runter", sagt Olga und schließt das Fenster.

Die beiden setzen sich auf den Schleifstein in die Sonne.
„Du hast mich in Finns Bett gesehen, stimmts?", sagt Olga.
„Yep", antwortet Fee.
„Und ist das okay für dich?"
„Warum nicht?"
„Weil ... also, willst du jetzt irgendwas wissen oder so?"
Fee spürt ihre Gedanken wie zwei Pingpong-Bälle durch den Kopf klackern.
1. Ball: Ich will nichts wissen.
2. Ball: Ich will alles wissen.
1. Ball: Ich will nichts wissen.
2. Ball: Ich will alles wissen.
1. Ball: Ich will nichts wissen.
„Ich will alles wissen", sagt Fee.
Olga räuspert sich. „Was genau?"
„Alles."
„Also gut. Finn ist Hugos Papa. Ich finde ihn noch immer nett. Und alles andere wird man sehen."
„Das wars?"
„Fast."
Olga streckt sich nach vorne und klemmt ihre Hände zwischen die Beine. „Dein Papa und Finn waren mal beste Freunde. Und dann hat dein Papa Nica kennengelernt, und ich war wütend auf deinen Papa und hab was mit Finn angefangen."
Olga sieht Fee an.
Und Fee sagt: „Ich weiß, was das bedeutet, red weiter."
„Ja, und dann war dein Papa wütend, und jetzt ist er mit Nica verheiratet und sie bekommen Zwillinge, und du hast seit vier Jahren einen Bruder."
„Und jetzt?", fragt Fee.

„Jetzt schreibe ich dem alten Mann einen Brief. Der hat ja nicht mehr alle Tassen im Schrank. Erst soll ich möglichst schnell kommen, und dann ist er nicht da."
„Und wann fahren wir zu Papa?"
Olga zuckt mit den Schultern und geht ins Haus.

8

Am nächsten Morgen sitzt Hannes wieder um kurz vor acht unter der Birke. Er hat zwei bunte Stoffbänder zu einem kleinen Zopf geflochten und krault Zerberus, der neben ihm liegt.
„Hello!", ruft Fee aus dem Fenster. „Good morning! How are you?"
Hannes sieht nach oben, und Fee läuft durch den Flur und über die Treppe nach unten, wo sie ein Glas Milch hinunterstürzt und sich einen Keks in den Mund schiebt. Dann springt sie in den Hof und ruft: „Krötengucken?"
Hannes steht auf, und auch Zerberus erhebt sich mühsam und trottet mit gesenktem Kopf auf Fee zu.
„Ich will dir was zeigen", sagt Hannes. „Kommst du mit?"
„Ich liebe Überraschungen!", ruft Fee. Sie verlassen den Taubenschlag, begleitet von Zerberus, der kurz vor dem Weg stehen bleibt und ihnen nachsieht, als sie im Wald verschwinden.
Hannes biegt auf einen kleinen Pfad ein, der zum Mühlbach führt. Zwischen den Bäumen wabert Morgendunst, und über den Baumwipfeln scheint die Sonne. Hannes steigt gekonnt über Äste und Stöcke, die zum Teil von Laub bedeckt sind. Es scheint, als könne er zugleich in alle Richtungen sehen. Fee hat einige Mühe, ihm zu folgen und muss sich konzentrieren, um nicht zu stolpern.

Dann erreichen sie das Ufer des Mühlbachs, und Hannes fragt: „Siehst du die Hütte da oben?" Er zeigt zum steil aufragenden Waldrand am anderen Ende der Weide. „Die möchte ich dir zeigen."

Hannes setzt seinen Fuß auf einen großen Baumstamm, der quer über dem Mühlbach liegt, und balanciert mit wenigen Schritten darüber hinweg.

Fee folgt ihm über den sprudelnden Bach, dessen schäumendes Wasser an dieser Stelle um einiges wilder fließt als bei Hugos Kotten oder hinter dem Taubenschlag.

Wenig später kraxeln sie den Hang hinauf. Sie erreichen einen schmalen Weg, der in engen Kurven durch eine Baumgruppe führt. Fee sieht eine seltsame Holzkonstruktion in den Bäumen hängen.

„Was ist das?" fragt sie, als Hannes davor stehen bleibt.

Es sieht aus, als schwebte eine Wendeltreppe in der Luft, die mit seitlich abgespannten Seilen mit den umstehenden Bäumen verknotet ist. Es ächzt und knarrt, als Hannes die erste Stufe betritt.

„Willst du da rauf?", fragt Fee.

„Dafür ist es gemacht!", sagt Hannes und springt über die Planken in den Baum hinauf.

Fee muss sich festhalten, als sie die vom Morgentau noch rutschigen Stufen betritt. Hannes steht einige Meter über ihr. Hinter ihm führt eine Hängebrücke in den nächsten Baum.

„Los, komm!", ruft Hannes und tippelt über die wippende Hängebrücke.

Fee macht den nächsten Schritt und dann wieder einen, und als sie auf der anderen Seite ankommt, fragt Hannes: „Wars schlimm?"

„Wieso sollte es?", fragt Fee.
„Dann komm weiter!", sagt Hannes und zeigt auf eine Wendeltreppe, die bis in die Baumkrone führt.
Fee muss sich festhalten, um nicht abzurutschen. Und als sie Hannes folgt, ruft der: „Ich bin hier!"
„Und wo ist ‚hier'?", fragt Fee.
Hannes ist so weit oben, dass Fee ihn zwischen dem grünen Laub nicht mehr sehen kann. Sie läuft nur langsam über die rutschigen Planken. Dabei pieksen die hängenden Zweige an ihren nackten Armen. Als sie nach oben sieht und Hannes endlich zwischen den Zweigen entdeckt, rutscht ihr Fuß zwischen zwei Planken ins Leere. Sie kann sich in letzter Sekunde an einem Seil festhalten, während ihre Beine in der Luft baumeln. Darunter geht es mehrere Meter in die Tiefe.
„Alles klar?", ruft Hannes.
Fee sieht nach unten. Ihr wird schwindelig.
Hannes, der plötzlich neben ihr steht, sagt: „Halt dich an mir fest!"
„Ich kann nicht!", stöhnt Fee.
Ihr Rücken schabt über die Stufe und ihr halber Körper baumelt bereits über dem Abgrund. Erst als Hannes ihre Hand greift, kann sich Fee nach oben ziehen.
„Ich glaub, ich hab Höhenangst", sagt Fee und steht mit zitternden Beinen auf der wackeligen Planke. Dann setzt sie ihren Fuß auf die nächste Stufe und klettert langsam bis zu einer Art Balkon, ganz oben in der Baumkrone. Der kleine Austritt hat ein niedriges Geländer, doch Fee bleibt an den Baumstamm gedrückt stehen und sieht übers Mühlbachtal, das sich vor ihr wie ein Panorama ausbreitet. Sie erkennt die Weide, über die sie gerade gelaufen sind, und sieht die Häu-

ser des Taubenschlags und die Birke, in der die bunten Stoffbänder im Wind flattern. Weiter rechts ist Hugos Kotten, versteckt im Morgendunst.

„Siehst du die Hütte da unten?", fragt Hannes. „Die will ich dir zeigen."

Fee wagt einen Blick in die Tiefe und erkennt das Dach einer kleinen Holzhütte.

„Komm!", sagt Hannes und greift nach einer Strickleiter, die von dem Balkon hinunter führt. Mit einer schnellen Bewegung stellt er seinen Fuß in die erste Schlaufe und klettert an der baumelnden Strickleiter hinab.

„Warte, bis ich unten bin", ruft er, „dann kannst du nachkommen."

„Hast dus geschafft?", fragt Hannes, als Fee unten ist.

„Nein, ich stehe noch oben", knurrt Fee mit pochendem Herzen.

Hannes sieht Fee fragend an.

Dann sagt er: „Den Klettergarten hat mein Opa gebaut. Und die Hütte auch."

Er zeigt über die Wiese zu einer kleinen Holzhütte.

Fee geht darauf zu und erkennt hinter der Fensterscheibe eine Staffelei, neben der ein kleiner Tisch mit Pinseln und Farben steht. An der hinteren Wand ist ein schmales Bett, auf dem eine zerwühlte Decke liegt.

„Mein Opa hat hier gemalt", sagt Hannes. „Da ist auch sein letztes Bild. Ich weiß aber nicht, was darauf zu sehen ist. Die Hütte ist ja abgeschlossen."

Auf der Staffelei steht etwas Rechteckiges, das mit einem Tuch verhüllt ist.

„Hast du denn keinen Schlüssel?", fragt Fee.

„Den Schlüssel hat dein Uropa", antwortet Hannes.
„Hugo? Warum denn der?"
„Weil die beiden Freunde waren", sagt Hannes.
„Mein Uropa und dein Opa?" Fee sieht Hannes fragend an.
„Ja", sagt Hannes. „Und aus irgendeinem Grund hat mein Opa deinem Uropa den Schlüssel für die Hütte gegeben. Das war der letzte Wille meines Opas, bevor er gestorben ist. Keine Ahnung warum." Hannes sieht Fee unsicher lächelnd an. „Kannst du deinen Uropa nicht mal fragen, ob ich den Schlüssel haben kann? Er braucht die Hütte doch gar nicht."
„Frag ihn lieber selbst", sagt Fee.
„Das habe ich schon", entgegnet Hannes. „Er hat aber nichts gesagt. Und deine Oma konnte mir auch nicht helfen. "
„Was für eine Oma?", fragt Fee.
„Deine Oma", sagt Hannes. „Die wohnt doch neben uns."
Da begreift Fee, dass das Kribbeln, wie sie es bisher kannte, nur ein Witz war gegen das, was jetzt mit ihr passiert. Denn das Kribbeln, das ihren Körper gerade erfasst, ist wie ein Nadelpieksen mit Juckpulver. Es läuft von ihrem Kopf über das Gesicht und den Hals bis hinab zu ihren Füßen.
„Hab ich was Falsches gesagt?", fragt Hannes irritiert. „Du guckst so komisch."
„Weiß nicht", stammelt Fee.
Ihre Augen wandern über das Mühlbachtal. Und als das Kribbeln kaum noch zu ertragen ist, läuft sie wie von selbst unter dem Klettergarten durch den Wald und zurück zu dem Hang, über den sie hinab zur Weide stolpert.
Hannes ruft ihr hinterher: „Wo willst du denn hin?"
Aber da balanciert Fee bereits über den Baumstamm und rennt zum Taubenschlag.

9

„Warum kenne ich deine Mutter nicht?", fragt Fee, noch ehe sie „Hallo" sagt.

Olga sitzt mit Paula und Ernie unter der Birke. Sie frühstücken gerade.

„Sollen wir mal eine Runde drehen?", fragt Olga.

„Nein", sagt Fee.

„Vielleicht drehen *wir* mal eine Runde", sagt Paula und stupst Ernie an. „Ich muss Kartoffeln aus dem Keller holen."

„Seit wann haben wir Kartoffeln im Keller?", fragt Ernie.

„Seit heute!", sagt Paula und zieht Ernie von der Bank.

„Setz dich doch", bittet Olga.

Fee sagt wieder: „Nein", und Olga nickt, als würde sie verstehen.

„Warum fragst du nach meiner Mutter?"

„Weil sie neben Hannes wohnt und ich sie nicht kenne."

Olga holt tief Luft.

„Das ist wohl der Tag der Enthüllungen", seufzt sie. „Okay, was willst du wissen?"

„Warum ich deine Mutter nicht kenne."

„Das ist nicht so leicht zu erklären", sagt Olga und sieht Fee an.

„Sags einfach", erwidert Fee.

„Also gut. Ich war 16, als ich mit deinem Papa zusammenkam. Und als ich dann mit siebzehn schwanger wurde, ist alles eskaliert und ich bin zu Hugo gezogen."

„Und dein Vater? Was ist mit dem?"

„Den habe ich nie kennengelernt."

„Aber warum?"

„Weil ..."

Olga scheint zu überlegen.
Dann sagt sie: „Meine Mutter hat mir immer gesagt, dass es ihn nicht gibt. Er wollte wohl nicht mit ihr zusammen sein. Oder er wollte kein Kind. Oder beides, keine Ahnung."
„Und wie heißt deine Mutter?"
„Veronika."
„Und willst du sie nicht wiedersehen?"
Olga legt ihren Arm um Fee. Sie stehen nebeneinander und hören das Sägen und Hämmern, das vom Mühlbach herüberkommt. Vermutlich baut Finn mit den anderen gerade die Bühne.
„Ich weiß nicht, ob ich sie sehen will", sagt Olga schließlich.

10

Fee und Olga machen einen kleinen Spaziergang durch das Mühlbachtal. Dabei erzählt Olga Fee von ihrer Mutter. Und als sie schließlich zurückkommen, sehen sie Finn am Mühlbach stehen. Er montiert das Geländer der Bühne, während Hugo völlig durchnässt auf dem Zeitmaschinen-Floß sitzt.
Olga und Fee stellen sich ans Ufer und beobachten ihn bei seiner Fahrt auf dem Mühlbach.
„Halt dich gut fest!", ruft Olga.
Finn stellt sich neben das Floß, das mit einem Tau an der Bühne befestigt ist.
„Fährst *du* jetzt?", fragt Hugo atemlos.
Olga sagt: „Das willst du nicht wirklich!"
„Aber sicher will ich das!", sagt Finn und hebt Hugo vom Floß.
Dann springt er selber auf die Kanister-Konstruktion, die von seinem Gewicht unter Wasser gedrückt wird.

Finn wippt balancierend auf dem Floß, das auf den Wellen tanzt.

Fee sieht Finns nasse Hose und hört Olga rufen: „Das Ding hält dich im Leben nicht aus!"

„Ich habs doch gebaut!", kontert Finn.

„Eben!", erwidert Olga lachend.

Fee steht mit Hugo am Ufer. Er greift nach ihrer Hand. Ihm scheint das Ganze nicht geheuer zu sein.

„Willst du einen neuen Rekord versuchen?", ruft Daniel, der mit Jim und Bente herüberkommt.

„Immer!", schreit Finn. Er wippt in den Knien und steht bis zu den Knöcheln im Wasser.

Daniel stellt sich an das Tau, das mit der Bühne verbunden ist, und zertrennt es mit ein paar Schnitten. Sofort schießt das Floß den Mühlbach hinunter. Finn rudert mit den Armen durch die Luft, während sein Oberkörper in sämtliche Richtungen schwankt.

„Ich muss mich drehen!", schreit Finn.

„Ihr seid total bescheuert!", kreischt Olga und folgt dem Floß bachabwärts.

Hugo sagt: „Mama, warte", und Fee zieht ihn an der Hand über den schmalen Uferweg.

„Rekord ist hinter der Brücke!", bestimmt Daniel.

In dem Moment biegen Paula und Ernie auf den Weg. Vor Schreck fangen die Hühner im Garten an zu gackern und rennen aufgeregt umher.

„Ich muss mich drehen!" Finn macht ein paar Tippelschritte um sich selbst. Dabei fällt er fast vom Floß und schießt unaufhaltsam auf die kleine Brücke zu, die den Taubenschlag mit dem Waldweg verbindet.

„Diesmal schaffe ichs!", ruft er.

Und Jim erwidert: „Bei deinem letzten Versuch bist du ins Krankenhaus gekommen!"
Als das Floß direkt vor der Brücke ist, legt sich Finn bäuchlings darauf, zischt unten durch und ist weg.
Doch wenig später schießt er hinter der Brücke wieder hervor und schreit: „Geschafft!", springt auf die Beine und reckt seine Faust in den Himmel.
Alle applaudieren, während Finn das Gleichgewicht verliert und mit rudernden Armen ins Wasser fällt und im Wasser liegen bleibt. Er hat die Arme und Beine weit von sich gestreckt und sieht überglücklich aus.

11

Am Abend sitzen sie unter der Birke und essen im Schein der Lichterkette *Reis mit Speck* ohne Speck, weil Fee sich das gewünscht hat. Finn hält Hugo im Arm und Olga streichelt seine Hand, während Ernie das Feuer im Fass anheizt.
Fee lässt die Gespräche wie einen warmen Frühlingswind über sich hinwegziehen. Sie fühlt sich hier geborgen.
„Willst du Veronika mal besuchen?", fragt Paula.
„Weiß nicht", sagt Fee und schielt zu ihrer Mutter.
Dabei fällt ihr Blick auf Hugo, dessen blonde Locken vom Wasser ganz verfilzt sind. Er trägt noch immer die Schwimmweste und hat rosige Wangen.
„Bin mal gespannt, was die Neubauis zu der großen Bühne sagen", überlegt Ernie.
„Lass sie reden", sagt Finn. „Die haben eh keine Ahnung."
Paula verteilt im Hof ein paar Fackeln. Fee spürt, dass sie müde ist und geht wenig später in ihr Zimmer.

„Hallo Papa", sagt Fee.
Zoran läuft durch die Dünen. Er trägt ein Stirnband, das seine Haare zusammenhält.
„Hey, mein Mädchen, was gibts?"
„Ich will dir ‚Gute Nacht' sagen."
„Ich bin noch joggen", ruft Zoran. „Bei dir ist es ja schon dunkel."
Fee sieht einen roten Himmel im Display, der über dem menschenleeren Strand hängt.
„Ich bin schon im Bett", sagt Fee.
„Und was hast du heute gemacht?"
„Ich war mit Hannes im Mühlbachtal. Das ist ein Junge, der hier wohnt. Der hat mir die Hütte von seinem Opa gezeigt, die eigentlich ihm gehört. Aber er bekommt den Schlüssel erst, wenn Ur-Hugo ihn herausrückt. Blöd, was? Und Finn ist mit einem selbst gebauten Floß über den Mühlbach gefahren. Und jetzt sitzen alle am Feuer."
„Ich habe nur einen Tisch lackiert", sagt Zoran. „Und Nica schnauft den halben Tag, weil die Zwillinge so schwer sind."
„Ist sie aufgeregt?"
„Wegen der Geburt? Eigentlich nicht. Aber ich bin nervös und jogge jeden Abend. Sonst werde ich noch verrückt!"
„Und wann kommen die Zwillinge?", fragt Fee.
„Nica sagt, dass sie in einer Woche da sind."
Fee kuschelt sich in die Decke und sieht ihren Vater durch die Dünen laufen.
„Wie wollt ihr die Zwillinge eigentlich nennen?", fragt Fee.
„Wissen wir noch nicht", schnauft Zoran. „Wenn sie da sind, lassen wir uns was einfallen."
„Gute Nacht", sagt Fee nach einer Weile.

„Schlaf gut, mein Mädchen" erwidert Zoran. „Bis morgen. Und träum süß!"
Fee unterbricht die Verbindung und hört ein Winseln hinter sich. Zerberus steht mit gesenktem Kopf im Türrahmen.
Fee sagt leise: „Komm mal her!"
Da trottet Zerberus ins Zimmer und lässt sich mit einem wohligen Schnaufen vor dem Bett zu Boden fallen.
„Gute Nacht, du Zottel", sagt Fee und berührt ihn sanft am Kopf, damit sich keine Staubwolke aus seinem Fell löst.

Im Teich

1

Am Sonntag ist Ur-Hugo immer noch verschwunden. Dafür will Olga ihre Mutter besuchen.

„Jetzt sind wir vier Tage hier", sagt Olga, „und Hugo ist noch immer weg."

Sie sitzen vor der Scheune, wo Finn einen Grill für das Festival zusammenschweißt. Eigentlich ist es eine Badewanne, an die vier Beine montiert sind.

„Ich kann damit auch deine Reispfanne grillen", verkündet Finn und zwinkert Fee zu.

Er arbeitet seit dem Morgengrauen in der Scheune. Jetzt ist es kurz nach acht und im Taubenschlag sind alle längst unterwegs: Paula ist mit ihrem Rad zu einem benachbarten Kotten gefahren, wo sie ein paar junge Hühner abholen will. Keto und Juli besuchen eine Galeristin, die ihre Kunstwerke im Herbst ausstellen will. Und Daniel, Jim und Bente bauen das Fundament für die große Bühne, während Ernie in der Stadt mit dem Bürgermeister über das Festival spricht.

„Hugo kommt schon noch", sagt Finn.

„Er könnte sich wenigstens mal melden", erwidert Olga. „Fee muss morgen wieder in die Schule. Wir können nicht ewig bleiben."

„Ach ja, stimmt ...", sagt Finn nachdenklich. Aus seinem Körper scheint die Spannung zu entweichen wie aus einem Luftballon mit Loch.

Doch dann springt er plötzlich wieder auf und ruft: „Wollt ihr eigentlich die ganze Zeit hier rumhängen? Ich dachte, heute ist der große Oma-Tag?!"

Fee sieht ihre Mutter an.
Und Olga schaut zur Seite und nippt an ihrem Kaffee.
„Ich bleib bei dir!", sagt Hugo und stellt sich neben Finn.
„Wir fahren zu meiner Mutter", bestimmt Olga.
„Finn soll mit", verlangt Hugo.
„Ein andermal", sagt Finn. „Und du, großes Zoran-Mädchen. Willst *du* wenigstens deine Oma kennenlernen?"
„Klar!", sagt Fee.
Finn streicht Hugo durch die Locken.
„Wenn ihr wieder da seid, bauen wir die Bettschaukel. Die ist nämlich gut gegen schlechte Laune. Ein weiser Mann hat mal gesagt, dass täglich fünf Minuten Schaukeln genügen, um gute Laune zu erzeugen. Dabei gilt: Je höher du schaukelst, desto besser wird die Laune. Glaubt ihr nicht? Ist aber so!"
Hugo sieht zu Boden. Er scheint zu überlegen.
„Was ist ein weiser Mann?", fragt er.
„So einer wie ich", sagt Finn.
Olga lacht, und Fee stellt sich die Schaukel vor, von der Finn gestern beim Abendessen gesprochen hatte. Er will ein Bett mit einem langen Tau in den größten Baum am Waldrand hängen. Damit kann man dann über der Weide schaukeln.
„Prüft eigentlich irgendwer mal, ob das alles sicher ist, was ihr so baut?", fragt Olga.
Finn zuckt mit den Schultern und zieht sich die Schweißerbrille vors Gesicht.

Als sie die Räder holen, läuft Zerberus hinter Fee her, die die Birke ein paarmal umrundet. Nach wenigen Metern wird es Zerberus zu viel und er lässt sich zu Boden sinken.

„Ruh dich aus", sagt Fee. „Da wo wir hinfahren, mag man eh keine großen Hunde."

Fee denkt an das, was ihr Paula erzählt hat. Bei dem Gedanken wird ihr unwohl. Gleich lernt sie die Neubausiedlung kennen, wo man Hunde mit Messern verletzt.

Olga steht neben ihrem Rad und winkt Hugo herbei, der sich nur unwillig von Finns Seite löst und den Hof im Schneckentempo überquert, ehe er in den Anhänger krabbelt.

Sie verlassen den Taubenschlag und fahren auf dem Waldweg durch den frischen Morgen. Das Sonnenlicht fällt in langen Strahlen durch das helle Grün und blendet Olga, die ihre Sonnenbrille wie ein Visier vorm Gesicht trägt und nervös an ihrer Unterlippe kaut.

Hinter dem kleinen Pfad, der zur Hütte von Hannes' Opa führt, macht der Weg noch ein paar Windungen und endet schließlich vor einer asphaltierten Straße. Zu beiden Seiten stehen weiße Häuser mit flachen Dächern und ordentlichen Vorgärten.

„Willkommen in der Hölle!", sagt Olga und verlangsamt das Tempo. Hugo reckt den Kopf aus dem Anhänger, und Fee sieht von links nach rechts und wieder nach links und stellt fest, dass die Häuser alle gleich aussehen. Menschen kann sie keine entdecken. Dafür steht vor jedem Haus ein Auto.

„Wann sind wir da?", fragt Hugo.

„Ich glaube, jetzt", sagt Olga.

Sie biegt in eine Straße, in der die gleichen weißen Häuser stehen mit den gleichen großen Autos vor den Garagen.

Olga sieht auf ihr Handy und dann auf das Haus mit der Nummer 23.

„Hier muss es sein", sagt sie und lehnt ihr Rad an eine Laterne. Sie fummelt nervös an ihrem Fahrradschloss herum.

„Mama?", fragt Fee.
„Was!?"
„Wie lange wohnt deine Mutter denn schon hier?"
„Keine Ahnung", sagt Olga. „Noch nicht lange."
Olga knabbert noch immer an ihrer Unterlippe und geht schließlich mit beherzten Schritten auf das Haus mit der Nummer 23 zu. Als sie die Klingel drückt, hört Fee zwei Glockenschläge, und Olga flüstert: „Ich könnte kotzen!"

Die Tür öffnet sich und Fee sieht eine Frau, die sie sofort mag. Diese Frau ist Olga erstaunlich ähnlich, sie hat die gleichen glatten dunklen Haare und das gleiche schmale Gesicht, nur dass sie älter ist. Fee kommt es so vor, als stünde ihre Mutter vor ihr, nachdem sie mit einer Zeitmaschine in die Zukunft gereist ist.
Hugo sagt: „Hallo."
Und die Frau sagt auch: „Hallo."
„Ich bin Fee", sagt Fee.
„Hallo Fee, ich bin Veronika."
Die Frau schaut von Fee zu Hugo und dann auf Olga, die noch immer ihre Sonnenbrille trägt.
„Bist du Mamas Mama?", fragt Hugo.
„Ja, das bin ich", sagt Veronika. „Hallo Olga. Wie geht es dir?"
„Gut", sagt Olga knapp.
Fee sieht in den Flur, der hell und leer ist. Dahinter erkennt sie das Wohnzimmer und eine geöffnete Terrassentür, die in einen Garten führt.
„Wollt ihr ... also, kommt doch rein", sagt Veronika.
Sie macht einen Schritt zur Seite, aber Olga rührt sich nicht. Erst nach einer Weile drückt sie sich an Veronika vorbei

und geht durch den Flur ins Wohnzimmer, um von dort die Terrasse zu betreten.

Veronika sagt: „Ich habe uns einen Kuchen gebacken. Es ist zwar noch etwas früh dafür, aber ... naja, vielleicht schmeckt er euch ja."

„Was für einen Kuchen?", fragt Hugo.

„Einen Rhabarberkuchen mit Streuseln. Ich hoffe, du magst Rhabarber."

Hugo sagt: „Nö", und Fee zischt: „Natürlich magst du Rhabarber!"

Veronika lacht und betritt die Terrasse.

Fee kann den Blick von ihrer Oma kaum lösen, und auch wenn sie Veronika noch nie gesehen hat, ist sie ihr so vertraut, als würden sie einander schon lange kennen.

„Mögt ihr ein Glas Apfelsaft?", fragt Veronika und setzt sich an den runden Gartentisch, auf dem ein Kuchen und vier Teller mit Gläsern stehen.

Fee sagt: „Ja, gerne", und lächelt ihrer Oma zu.

Veronika schenkt jedem ein Glas Apfelsaft ein.

Fee lässt den Blick durch den Garten schweifen. Die Wiese ist kurz geschnitten und sieht künstlich aus, wie mit grüner Farbe bemalt. An den Rändern entdeckt sie kleine Porzellan-Elfen und hockende Frösche aus Keramik, die zwischen Büschen und gestutzten Rabatten stehen.

„Wer wohnt denn da drüben?", fragt Fee und zeigt zu der Hecke hinter Veronika.

„Dort wohnt mein Nachbar Dirk mit seinen Jungs", antwortet sie.

„Heißt der größere Hannes?", fragt Fee.

„Ja, genau, das ist der Ältere. Und Anton ist sein kleiner Bruder. Kennst du die?"

Fee sagt: „Ja. Also, Hannes kenne ich. Anton nicht so."
„Hannes ist ein netter Junge", bestätigt Veronika. „Anton ist etwas schwierig."
Fee denkt an das Ei, das ihr Anton an den Kopf geworfen hat.

Und dann essen sie den Kuchen und trinken den Saft und Olga hat weiter ihre Sonnenbrille im Gesicht und antwortet nur einsilbig auf Veronikas Fragen. Und als Olga mit Hugo zur Toilette geht, sagt Veronika: „Genauso habe ich mir dich vorgestellt. Du bist ein schönes Mädchen."
Fee lächelt unsicher und sticht mit ihrer Gabel in das Kuchenstück.
„Wie lange bleibt ihr hier?", fragt Veronika.
„Eigentlich, bis wir Ur-Hugo gesehen haben. Er will Mama irgendwas sagen. Aber wir müssen heute Abend wieder nach Hause, ich hab morgen Schule."
„Ist Hugo denn nicht da?"
„Er ist im Wald."
Veronika atmet tief ein und sieht zum Himmel.
„Warum das?", fragt sie.
„Er komponiert irgendwas", sagt Fee.
Veronika blickt zur Seite. Sie scheint in Gedanken zu sein. Doch dann hellt sich ihr Gesicht wieder auf und sie sagt: „Wie schön, dass ich dich endlich kennenlernen darf. Ich habe so lange darauf gewartet." Sie legt ihre Hand auf Fees Hand, und zieht diese gleich wieder weg, da Olga mit Hugo zurückkommt.
„Darf ich schaukeln?", fragt Hugo und zeigt auf die Hollywoodschaukel im hinteren Teil des Gartens.
Zum ersten Mal, seit sie hier sind, geht ein Lächeln über Olgas Gesicht.

„Die hast du noch?", fragt sie mit belegter Stimme.
„Ja, wie so vieles", bestätigt Veronika.
„Komm", sagt Hugo und zieht Fee über die Wiese. Sie setzen sich in die Schaukel, die fürchterlich quietscht, so dass Fee nicht hört, was Veronika sagt. Sie hat sich vorgebeugt und sieht Olga intensiv an, die ihrerseits zur Seite blickt.
Da weht ein „Hallo!", über die Hecke.
Fee reckt den Hals und erkennt Hannes zwischen den Blättern.
Sie sagt: „Hello!", und wundert sich, dass ihr Herz einen Sprung macht.
„Alles klar?", fragt Hannes.
Fee sagt: „Ja."
„Hast du gleich Zeit?"
Fee sagt wieder: „Ja", und drückt sich tiefer in die quietschende Hollywoodschaukel.
Erst nach einigen Sekunden, während denen Fee zwischen Hannes und der Terrasse hin und her blickt, fragt Hannes noch: „Kommst du dann später zu mir rüber?"
Fee sagt zum dritten Mal: „Ja."
Und dann verschwindet Hannes hinter der Hecke.

Nach einer Stunde, in der Veronika und Olga miteinander gesprochen und auch öfter gelacht haben, sagt Olga schließlich: „Wir fahren dann mal."
Veronika steht auf und sagt: „Schön, dass ihr da wart. Ihr könnt jederzeit wiederkommen."
Sie gehen ins Haus, und als sie im Flur stehen, dreht sich Olga um und nimmt ihre Mutter schweigend in den Arm.
„Warum weinst du?", fragt Hugo, als sie vor ihren Rädern stehen. „Bist du traurig?"

Olga wischt sich über die Augen.

„Ein bisschen schon", sagt sie. „Aber vor allem ich bin froh, dass wir hier waren."

Und dann setzt sich Olga auf ihr Rad, und Fee sagt: „Ich bleibe noch etwas."

„Bei Hannes?", fragt Olga.

„Ja."

„Magst du den?"

„Äh ... ja."

Olga lächelt vielsagend.

„Ich möchte aber, dass du rechtzeitig in den Taubenschlag kommst. Spätestens, wenn es dunkel wird."

„Ja, klar", sagt Fee. „Wir fahren doch gleich nach Hause."

Olga sieht Fee an.

„Wir ... bleiben noch ein bisschen."

„Wir machen *was*?!"

„Bitte reg dich nicht auf!", sagt Olga. „Ich habe das mit Herrn Rabe schon besprochen. Du bekommst von ihm alles per Mail, was ihr nächste Woche im Unterricht macht. Das geht locker, Süße, kein Problem!"

„Aber ich will das nicht! Ich will zur Schule! Und ich will zu Hause sein!"

In Fees Kopf läuft die kommende Woche wie ein Film im Zeitraffer ab.

Schließlich sagt sie: „Dann fahre ich halt allein nach Hause!"

„So ein Quatsch!", entgegnet Olga.

Fee schiebt ihr Rad zu dem benachbarten Haus.

Olga ruft ihr hinterher: „Du bist bis zum Einbruch der Dunkelheit im Taubenschlag!"

Da wird die Haustür von Hannes geöffnet, und Fee stapft an ihm vorbei ins Haus.

2

„Alles klar?", fragt Hannes.

Fees Herz wummert. Sie versucht sich zu beruhigen.

„Nein!", sagt sie und atmet stoßweise ein und aus. Dabei lugt sie ins Haus, das exakt die gleiche Größe hat wie das Haus ihrer Oma, aber anders aussieht, irgendwie voller.

„Was ist denn los?", fragt Hannes.

Fee sagt: „Nichts!"

Da kommt Anton durch den Flur gelaufen.

„Hallo!", ruft er fröhlich. „Ich will dir was zeigen!" Er schnappt sich Fees Hand und zieht sie ins Wohnzimmer.

Fee denkt erneut an das Ei, das er ihr an den Kopf geworfen hat und sagt: „Was sollte das eigentlich mit dem Ei?"

Anton sieht zur Seite und lächelt stumm.

Hannes sagt: „Wir wollten gerade gehen."

Doch Anton zieht Fee weiter bis zur Terrasse und sagt: „Wir haben einen neuen Koi. Den will ich dir zeigen." Seine Augen funkeln begeistert, als er den Garten betritt.

Fee sieht einen Teich, der die gesamte Fläche des Gartens einnimmt und von einem schmalen Kiesweg umgrenzt wird.

Anton rennt an Fee vorbei und springt in den Teich.

Fee schreckt zurück. Sie sieht Anton bereits untertauchen, und erkennt, dass der Teich mit einer großen Glasscheibe überdacht ist, die auf einer Holzkonstruktion ruht.

„Guck da!", ruft Anton. Er steht auf der Glasterrasse und zeigt auf einen rot-weißen Koi, der durchs Wasser schwimmt. „Der hat neunhundert Euro gekostet. Den haben wir aber schon lange. Und der daneben ist dreitausend Euro wert. Den hat mein Vater vor einem Jahr in Japan gekauft."

Fee betritt die gläserne Terrasse vorsichtig. Es ist seltsam, über die Glasscheibe zu laufen und unter sich das Wasser zu sehen. Die großen Kois scheinen im Wasser zu schweben und stupsen mit ihren kreisrunden Mündern gelegentlich gegen das Glas.
„Da ist der neue!", sagt Anton. „Der kostet siebentausend Euro. Den hat mein Vater gestern bekommen."
Anton schnappt sich erneut Fees Hand und zieht sie über die Glasterrasse. Er zeigt auf einen goldenen Koi mit einem schwarzen Kreis auf dem Rücken.
„Mein Vater sagt, dass es überall Verbrecher gibt und dass die auch Fische klauen."
Fee sieht sich um. Der Garten scheint kleiner zu sein als der Garten ihrer Oma. Und zugleich wirkt er größer, wegen des Wassers, in dem sich der Himmel spiegelt.
„Lass uns gehen", ruft Hannes, und Fee spürt, wie sich Antons Hand erneut um ihre Hand schließt.
„Schau!", sagt er und deutet ins Wasser.
Fee spreizt ihre Finger, um Antons Griff zu lockern. Doch der drückt noch fester zu.
Fee sagt: „Aua!" und zieht ihre Hand mit einem Ruck zurück.
Da wirft ihr Anton einen kalten Blick zu, der Fee unheimlich ist. Sie geht über die Glasterrasse zum Haus, während Anton reglos in den Teich starrt.
„Komm!", drängt Hannes.
Anton hockt auf der Scheibe. Von ihm geht etwas Bedrohliches aus, auch wenn er gar nichts macht.
Hannes wiederholt: „Bitte, lass uns gehen!", dreht sich um und verschwindet im Haus. Fee folgt ihm durch den Flur, und als sie draußen sind, schließt er die Tür ab.

Sie sieht Anton hinter der Scheibe stehen. Er hält sein Gesicht an die Glastür und sieht sie mit unbewegter Miene an. Fee will weg, aber sie kann sich nicht bewegen. Bei Antons Anblick wummert ihr Herz und in ihrem Bauch fühlt es sich so an, als würde ein Ballon immer größer werden.
Da greift Hannes nach ihrer Hand und zieht sie über den Weg zur Straße. Fee wundert sich, dass ihre Beine von allein laufen. Es ist wie ein Traum. Sie rennen durch die Neubausiedlung, vorbei an den weißen Häusern, die alle gleich aussehen, bis sie schließlich den Waldweg erreichen, über den Fee vorhin gekommen ist. Dabei hat Fee die ganze Zeit das Bild von Anton vor Augen, wie er hinter der Scheibe stand und sie ansah.

Nach einer Weile bleibt Hannes. Fee ist außer Atem und hat Mühe zu sprechen. Doch schließlich fragt sie: „Warum hast du die Tür abgeschlossen?"
„Damit Anton nicht wegläuft", sagt Hannes knapp.
Sie stehen jetzt vor dem Mühlbach. Fee erkennt auf der anderen Seite des Ufers die Weide, die sich bis zum Hügel zieht und wo die Hütte von Hannes' Opa steht.
„Guck mal hier", sagt Hannes.
Er deutet auf eine Felswand. Fee sieht darin ein Loch, so groß wie eine kleine Tür, und beugt sich vor. Ein kühler Hauch trifft sie am Gesicht. Ansonsten ist es hinter dem Loch finster.
„Das ist eine Höhle", sagt Hannes. „Mein Vater ist da mal als Kind hineingefallen."
Fee tritt näher an den Höhlenrand. Sie kann nicht erkennen, wie es darin aussieht, sie sieht nur das steil abfallende Geröll direkt vor ihren Füßen.

„Pass auf", warnt Hannes. „Wenn du abrutschst, stürzt du richtig tief."
„Warst du da mal drin?", fragt Fee.
Hannes ruft entsetzt: „Da würde ich im Leben nicht rein!"
„Auch nicht für eine Million Euro?"
„Nein! Du?"
Fee zuckt mit den Schultern.
„Dein Vater ist doch auch wieder rausgekommen."
„Klar, aber deine Oma hat ihn auch gerettet. Von allein hätte er das nicht geschafft."
„Meine Oma?"
„Ja", sagt Hannes. „Deine Oma kennt meinen Vater seit ihrer Kindheit."
„Wie alt ist dein Vater denn?", fragt Fee.
„So alt wie deine Oma."
„So einen alten Vater hast du?"
„Oder du hast eine junge Oma", sagt Hannes lachend.
„Das stimmt", sagt Fee und denkt an Veronika, die wirklich noch nicht so alt ist, wie man sich eine Oma normalerweise vorstellt.
„Hier kennen sich eh alle", sagt Hannes. „Dein Uropa und mein Opa waren ja auch Freunde."
„Und wir?", fragt Fee und sieht Hannes verschmitzt lächelnd an.
„Wir kennen uns auch", weicht Hannes aus. „In jedem Fall hat deine Oma meinen Vater mit einem Seil aus der Höhle gezogen."
Fee sieht wieder in das schwarze Loch.
Schließlich fragt Hannes: „Wo ist eigentlich *dein* Vater?"
„Am Meer. Da wollten wir eigentlich auch hin. Aber jetzt warten wir ja auf Ur-Hugo."

„Gefällts dir hier nicht?", fragt Hannes.
„Doch schon ..."
„Aber?"
„Nix aber", sagt Fee. „Ich finde es nur blöd, dass ich meinen Vater kaum noch sehe. Seit der am Meer wohnt, besucht er mich nur selten."
„Meine Mutter ist auch weg", sagt Hannes. „Sie lebt in Amerika."
„Oh, shit!", rutscht es Fee heraus. „Ist deine Mutter auch hibbelig?"
„Was soll das denn sein?", fragt Hannes.
Fee überlegt kurz.
Dann sagt sie: „Hibbelig ist, wenn man immer weg will. In Urlaub fahren oder einfach nur so."
„Du meinst, deine Mutter ist unruhig?"
„Nee, eigentlich nicht. Meine Mutter ist sogar sehr ruhig. Aber sie ist ... halt hibbelig."
„Wie die Kröten!", sagt Hannes. Dabei leuchten seine Augen. „Im Frühling werden die auch hibbelig. Dann krabbeln sie zu dem Teich zurück, wo sie geboren wurden."
Fee lacht.
„Du meinst, meine Mutter ist wie eine Kröte? Das musst du ihr mal sagen."
„Besser nicht", erwidert Hannes.
Und dann fragt Fee: „Wie lange ist deine Mutter denn schon in Amerika?"
„Seit einem Jahr, drei Monaten und sieben Tagen."
„Und wie oft siehst du sie?", fragt Fee.
Hannes Gesicht verfinstert sich.
„Kaum." Er zuckt mit den Schultern.
Fee schaut noch einmal in das schwarze Loch. Erneut spürt

sie den kühlen Luftzug im Gesicht, und sie fragt sich, ob es vielleicht ein Wesen in dieser Höhle gibt, irgendeine Kreatur, die dort lebt.

3

Als die beiden den Taubenschlag erreichen, steht die Sonne senkrecht am Himmel.
„Was ist das?", fragt Hannes und zeigt zu der Scheune, hinter der mal links und mal rechts ein Bett zum Vorschein kommt.
„Finn hats echt gemacht!", ruft Fee und rennt an der Scheune vorbei zur Weide, über der ein großes Bett schaukelt. Hugo und Olga liegen darauf, und Finn muss aufpassen, dass er von dem schwingenden Bett nicht getroffen wird.
„Hey, großes Zoran-Mädchen, komm her!" Finn winkt und macht einen Hüpfer zur Seite, als das Bett erneut an ihm vorbeisaust. Er hält ein Seil in der Hand, mit dem er das Bett antreibt. Es sieht aus, als ob er einen fliegenden Drachen halten würde.
Hugo schreit: „Schneller!", und Olga drückt sich flach auf die Matratze.
„Nicht so wild!", stöhnt sie. „Mir ist schon schwindelig!"
Da strafft Finn das Seil und drosselt das Tempo.

Als die Bettschaukel ausgependelt ist, legt sich Fee neben Hugo und wirft Olga einen kurzen Seitenblick zu. Sie fragt sich, ob ihre Mutter noch wütend auf sie ist. Doch Olga streichelt Fees Arm und lächelt ihr zu. Dann legt sich auch noch Hannes auf die Bettschaukel und Finn zieht erneut an dem Seil und bringt das Bett wieder in Schwung.

„Wenn das mal gut geht", sagt Olga.
Doch Fee jubelt: „Das ist noch gar nichts! Höher, Finn, *höher*!"
Auch Hugo kreischt vor Begeisterung und bewegt sich vor und zurück, um die Fahrt zu beschleunigen.
„Nicht so wild!", versucht Olga Hugo zu beruhigen, denn jedes Mal wenn das Bett zum Waldrand schaukelt, berührt es die Zweige der Buche, an der es hängt. Fee streckt ihre Beine aus, während Olga mit skeptischem Blick in die näherkommenden Zweige sieht.
Als das Bett immer höher schaukelt, schreit Hugo so laut, dass sich Hannes die Ohren zuhält.
Olga ruft besorgt: „Alles klar bei dir? Tut dir das weh? Hast du Angst?"
„Neiiin!" quiekt Hugo. „Das ist das schönste Gefühl in meinem Leben. Das kitzelt im Penis!"
Hannes sagt: „Oh mein Gott", und Hugo wirft die Arme wieder hoch.

Erst nach einigen Minuten, in denen Finn die Bettschaukel immer höher getrieben hat, lässt er sie langsam auspendeln.
Olga ist erleichtert, als sie endlich abspringen kann. Sie torkelt über die Weide und fällt in das frische Gras. Dabei atmet sie stoßweise ein und aus und lacht dabei.
„Ich will nochmal schaukeln!", ruft Hugo.
Doch Olga sagt: „Lass uns zu den Hühnern gehen. Paula hat ganz kleine Küken gekauft."
Da sagt Hannes: „Ich muss jetzt eh gehen. Anton ist allein."
Er springt von der Bettschaukel.
Und als er den Taubenschlag wenig später verlässt, denkt

Fee an die teuren Kois, die unter einer Glasscheibe leben, und an Anton, der hinter der Glastür stand, als wäre er auch in einem Aquarium gefangen.

4

„Rutsch mal!", sagt Olga.
Fee liegt noch immer in der Bettschaukel. Am Himmel über dem Mühlbachtal haben sich die Wolken zu einer plustriggrauen Decke versammelt und der Wind fährt böig in die Bäume.
„Bevor du dich wieder aufregst, möchte ich ein, zwei Dinge klarstellen, okay?"
„Brauchst du nicht", sagt Fee. „Ist schon okay, dass wir bleiben."
„Ach, so plötzlich?"
Fee sagt: „Ja", und legt ihren Kopf an Olgas Schulter.
„Ich dachte, du willst unbedingt nach Hause", wundert sich Olga.
„Will ich auch. Und ich will zu Papa ans Meer. Aber hier ist es auch schön."
Olga lächelt. „Das freut mich. Und eins sag ich dir! Morgen suche ich nach Hugo. Und dann bekommt der von mir richtig Ärger!"
Olga hat ihren Arm um Fee gelegt, und Fee kuschelt sich an Olgas Hals.
Da sieht Fee im Augenwinkel eine Bewegung.
Hannes kommt zurück.
Er ruft: „Ist Anton hier?"
„Nein", sagt Fee.
Hannes sieht unruhig über die Weide.
Schließlich sagt er: „Ich geh mal wieder."

„Warte", ruft Fee und springt von der Bettschaukel. „Ich komme mit."
„Aber denk daran, dass du zurück bist, solange es noch hell ist", ruft Olga ihr nach.

Fee und Hannes laufen durch den Wald. Die Wolken über ihren Köpfen werden immer dunkler. Kurz bevor sie zu Ur-Hugos Kotten kommen, biegen sie ab und laufen an einem großen Holzhaus vorbei, an dessen Fassade Hirschgeweihe hängen.
„Das ist das Haus Tanneneck", sagt Hannes. „Da kann man Waffeln mit Kirschen und Sahne essen."
Bevor Fee die Speisekarte lesen kann, stapft Hannes weiter, den Waldweg hinauf, bis an ein großes Feld. Mittlerweile hören sie in der Ferne Gewittergrollen.
„Wo kann er denn sein?", fragt Fee.
„Überall", sagt Hannes und läuft in einer weiten Schleife um das Feld, ehe sie in den Wald zurückkehren.
Nach einigen Minuten nähern sie sich Ur-Hugos Kotten von der anderen Seite. Fee überlegt, ob sie einmal nachsehen soll, ob ihr Urgroßvater da ist. Aber dann geht sie einfach neben Hannes weiter bis zu der Stelle, wo sich vorhin der Weg gegabelt hat. Im Wald ist es mittlerweile fast dunkel, so dicht haben sich die Wolken über ihnen zusammengezogen.
Wenig später sind sie wieder beim Taubenschlag, den sie links liegen lassen, um durch den Wald und am Krötenteich vorbei bis zu dem Hügel zu laufen, wo die Hütte von Hannes' Opa steht. Auch bei der Höhle finden sie Anton nicht, und so laufen sie bis zum Ende des Weges und durchkreuzen die Neubausiedlung, die viel größer ist, als Fee es sich vorgestellt hatte.

Fee sieht überall die gleichen weißen Häuser, die vor dem verfinsterten Himmel hell aufleuchten. Die Siedlung ist wie ein Netz, das rechtwinkelig und ordentlich am Boden liegt. Und wieder ist kein Mensch zu sehen.
„Hat Anton einen Freund, bei dem er sein könnte?", fragt Fee.
Hannes sagt: „Nein", und geht weiter.
Er öffnet die Tür zu seinem Haus und ruft: „Anton?!"
Er läuft in die obere Etage und ruft wieder: „Anton?! Bist du hier?"
Als Hannes zurückkommt, überlegt Fee: „Vielleicht ist er im Garten?"
„Wo soll er da sein?" Hannes zeigt auf die große Glasplatte, unter der die vielen Kois schwimmen. Alles ist akkurat und sauber und bietet keinerlei Versteck.
Da hören sie ein Lachen, das von nebenan kommt.
Die beiden betreten die Terrasse und sehen in Veronikas Garten.
Anton sitzt an ihrem Gartentisch. Er hat ein großes Glas Saft und einen Teller mit einem Stück Küchen vor sich stehen.
Veronika ruft erfreut: „Fee, du? Das ist ja eine Überraschung! Ich dachte, du bist längst nach Hause gefahren. Kommt doch rüber!"

Als Fee und Hannes Veronikas Haus betreten und durch das Wohnzimmer auf die Terrasse gehen, zieht Anton den Kopf ein und starrt auf sein Glas.
„Das ist ja schön!", sagt Veronika und nimmt Fee in den Arm. „Gut, dass ihr hier seid. Da kommt gleich ein Gewitter runter."

Veronika zeigt zum Himmel, der fast schwarz ist, und Fee setzt sich an den Tisch, wo Hannes seinen Bruder anstarrt. Irgendetwas ist zwischen den Jungs, das Fee nicht versteht. Eine schwer zu beschreibende Spannung, die die beiden zugleich verbindet und trennt.

Anton sieht wie der liebste Junge der Welt aus, so wie er am Tisch vor seinem Glas und dem Kuchen sitzt, und zugleich geht etwas Bedrohliches von ihm aus, wie von einem unberechenbaren Tier, das plötzlich beißen könnte.

„Los, komm", sagt Hannes. Er sieht Anton mit kaltem Blick an.

„Ihr könnt gerne noch bleiben", sagt Veronika. „Ich habe ein paar Pfannkuchen gemacht."

Hannes sagt: „Vielen Dank, aber wir müssen nach Hause." Er geht zur Terrassentür.

Als Anton sein Glas geleert hat, folgt er Hannes mit kleinen Schritten ins Haus. Und als die beiden im Wohnzimmer sind, schubst Hannes seinen Bruder durch den Flur zur Tür.

5

„Haben die beiden Streit?", fragt Veronika wenig später.

„Keine Ahnung", sagt Fee. „Hannes hat Anton eingeschlossen, damit der nicht wegrennt."

„Das hat ja gut geklappt", spöttelt Veronika und streicht sich eine Strähne aus dem Gesicht. Fee wundert sich erneut, wie ähnlich sie ihrer Mutter sieht.

„Du kennst doch Hannes' und Antons Vater, oder?", fragt Fee.

Veronika wirft ihr einen kurzen Blick zu. Dann schaut sie zum Himmel, wo die ersten Blitze zucken.

„Ja, den kenne ich", sagt sie. „Wir sind ja Nachbarn."
„Hannes hat mir die Höhle gezeigt."
„Ach Gott, die Höhle." Veronika lächelt versonnen. „Du musst mir versprechen, da nie hineinzugehen! Hast du verstanden?"
„Ja, ich weiß", sagt Fee. „Und kennst du die Hütte auf dem Hang?"
„Die kenne ich auch. Dirks Vater Heinz hat da immer gemalt. Aber jetzt erzähl doch mal von dir. Ich weiß gar nicht, wer du eigentlich bist. Ihr wohnt doch in der Stadt, da ist das Leben ein ganz anderes als im Mühlbachtal, oder etwa nicht? "
„Doch, schon", sagt Fee. „Aber was will Ur-Hugo eigentlich von Mama?"
„Du nennst ihn ‚Ur-Hugo'? Das ist ja nett." Veronika steht auf. „Lass uns reingehen. Bei einem Gewitter will ich nicht draußen sein. Magst du vielleicht einen Pfannkuchen essen?"
„Ja, gerne", sagt Fee. „Aber was *will* Ur-Hugo denn jetzt von Mama?"
Veronika geht ins Haus.
„Magst du deinen Pfannkuchen mit Ahornsirup oder mit Puderzucker? Ich könnte auch ein paar Apfelstücke in die Pfanne legen."
„Nö, einfach so", sagt Fee und folgt ihrer Oma durchs Haus, in dem alles weiß ist: der Fliesenboden, die Wände und auch die Sofaecke mit dem Tisch. Selbst der Fernseher ist weiß.
In dem Moment kracht der erste Donner in den warmen Nachmittag. Veronika zuckt vor Schreck.
„Ich hasse Gewitter!", ruft sie und macht das Ceranfeld an.
„Du willst also deinen Pfannkuchen ohne Apfel?"

„Ja, nur so", sagt Fee und sieht Veronika dabei zu, wie sie den vorgebackenen Pfannkuchen in die Pfanne legt und mehrmals wendet, bis er heiß ist.

Als Fee ihren Pfannkuchen gegessen hat, rauscht der Regen in langen Streifen in den Garten.
„Hat dir Olga von mir erzählt?", fragt Veronika.
„Nö, hat sie nicht", sagt Fee.
„Das habe ich mir gedacht. Aber du weißt, dass wir Streit hatten?"
Fee nickt und lauscht dem Regen, während Veronika ihre Arme vor der Brust verschränkt.
„Als Olga mit dir schwanger war, haben wir uns leider zerstritten. Das war furchtbar für mich. Du musst wissen, deine Mama kann ziemlich stur sein."
„Mama ist eher hibbelig", sagt Fee.
„Hibbelig?" Veronika lacht. „Das ist eine schöne Beschreibung für meine Tochter. Olga war damals wirklich hibbelig. Sie war ständig unterwegs, auch nachts, und das mit sechzehn! Und dann ist sie zu meinem Vater gezogen, weil es einfach nicht mehr ging. Und ich bin auch nicht über meinen Schatten gesprungen. Ich hätte Olga einfach mal besuchen sollen. Aber dann seid ihr weggezogen und mein Vater durfte mir nicht sagen, wohin. Das war die schlimmste Zeit."
„Was ist denn jetzt mit Ur-Hugo?", fragt Fee.
„Das weiß ich nicht. Wir haben uns lange nicht gesehen."
„Habt ihr auch Streit?"
Da schlägt ein Blitz direkt in den Garten. Veronika schreckt hoch. Als ein krachender Donner folgt, stößt sie einen Schrei aus und fängt an zu zittern.

„Entschuldige, Liebes, ich … ich ertrage Gewitter einfach nicht."
Fee setzt sich neben ihre Oma.
Veronika nimmt Fees Hand und sagt: „Gut, dass du hier bist. Bei Gewittern bin ich immer ganz verloren. Das muss an dem alten Kotten liegen. Wenn es da gewittert hat, kam es mir so vor, als würde das Haus zusammenstürzen. Ich glaube, es gab nicht einmal einen gescheiten Blitzableiter. Aber sag mal, sollen wir Olga nicht anrufen? Nicht, dass sie sich Sorgen macht."
„Mama macht sich keine Sorgen", sagt Fee. „Aber wir können sie trotzdem anrufen."

6

Als Fee nach dem heftigen Gewitter in den Taubenschlag zurückkommt, ruft Olga: „Anton war also bei meiner Mutter?"
Fee setzt sich zu Olga auf die Bank unter der Birke. Der Himmel ist wieder strahlend blau und der Taubenschlag sieht aus, als wäre er frisch geputzt. Die bunten Stoffbänder wehen sanft im Wind, und Zerberus liegt etwas abseits im Schatten und gibt ein wohliges Schnaufen von sich, während aus der Scheune regelmäßige Hammerschläge in den ruhigen Abend hallen.
„Was hat Anton denn bei meiner Mutter gemacht?", fragt Olga.
„Saft getrunken und Kuchen gegessen. Aber Mama?"
„Ja?"
„Wenn du mit Finn zusammen bist, willst du im Taubenschlag bleiben?"
Olga legt den Kopf in den Nacken und atmet tief ein.
„Ach, Fee, wenn ich das wüsste …"

„Bist du denn mit Finn zusammen?"
Da lächelt Olga, nimmt Fees Hand, drückt sie und legt ihren Kopf in den Nacken, um in die flatternden Stoffbänder zu sehen.
Schließlich sagt sie: „Ja, das bin ich. Also ... das sind wir."

Am Abend sprechen Finn und die anderen wieder einmal über das Festival. Fee krault Zerberus, der seinen schweren Kopf auf ihren Schoß gelegt hat, hinterm Ohr. Hugo fährt derweil mit einem Dreirad über den Hof und macht dabei Motorengeräusche. Er hat die Schweißerbrille im Gesicht, die Finn ansonsten trägt.
„Ich rufe Papa mal an", sagt Fee und geht zu dem Schild mit dem Schriftzug *Taubenschlag*, über dem jetzt eine Lichterkette hängt.

„Da bist du ja, mein Mädchen!", ruft Zoran, dessen schwarze Flattermähne im Wind weht.
Fee sagt: „Mama ist mit Finn zusammen."
Zoran lacht.
„Oh, echt jetzt?"
„Ja, und wir bleiben noch ein paar Tage hier."
Fee sieht im Display ein Feuer in den Dünen brennen. Nica sitzt davor und winkt, während Zoran ein paar Schritte vom Feuer weg macht.
„Ist Hugo noch immer weg?", fragt Zoran.
„Ja, der ist im Wald oder so. Mama will ihn morgen suchen."
„Gefällts dir denn im Mühlbachtal?"
„Ja, schon."
Und dann erzählt Fee von der Bettschaukel und von Paula und den Hühnern im Garten und von den Lagerfeuern am

Abend und dass alle ständig über das Festival sprechen.
„Und wir waren bei Veronika."
Fee sieht zu der Birke, wo Olga gerade aufgestanden ist und ins Haus geht.
„Veronika sieht aus wie Mama, nur älter."
Zoran gibt das Handy an Nica weiter.
„Hallo Fee!", ruft Nica und winkt. Sie hat ihre roten Locken zu zwei buschigen Zöpfen gebunden und sitzt im Schneidersitz neben dem Feuer. „Wie geht es dir?"
„Mir gehts gut!", ruft Fee und winkt zurück.
Nica streichelt ihren kugelrunden Bauch.
„Ich bin dick", sagt sie.
„Du siehst toll aus", ruft Fee. „Ich hoffe, wir sehen uns bald."
„Das hoffe ich auch", sagt Nica und winkt nochmal, ehe sie das Handy an Zoran zurückgibt.
„Ach, mein Mädchen, du fehlst mir so! Aber wenn die Zwillinge da sind, kommst du sofort zu uns, egal, wo Hugo dann ist, in Ordnung?"
„Ich will dich aber *jetzt* sehen!", sagt Fee.
Zoran streicht sein Haar zurück und lacht.
„Du siehst mich doch. Außerdem kann Nica jeden Tag ins Krankenhaus kommen. Da muss ich bei ihr sein."
„Ich weiß", sagt Fee. „Aber trotzdem!"
„Weißt du was, mein Mädchen?"
„Nö."
„Es ist auch gut, wenn man sich vermisst. Stell dir mal vor, wir wären uns egal. Das wäre doch schrecklich, oder?"
„Veronika hat Ur-Hugo schon seit Jahren nicht mehr gesehen."
„Siehst du! Das ist doch grauenhaft."
„Hast du eine Idee, was Ur-Hugo von Mama will? Er hat

gesagt, dass er ihr was sagen muss, das für alle wichtig ist."
„Keine Ahnung", sagt Zoran. „Hugo war schon immer für eine Überraschung gut."

Nach ein paar Minuten verabschieden sie sich und Fee geht über den Weg zum Wald, der dunkel vor ihr liegt und in dessen Tiefe es rauscht und knackt, als wäre er ein lebendiges Wesen. Irgendwo da drin ist jetzt Ur-Hugo und nimmt die Geräusche der Nacht auf.
Die Sinfonie vom Mühlbachtal.

Das geheimnisvolle Leben der Kröten

1

Und dann ist Ur-Hugo plötzlich da und Zerberus ist verschwunden.

Fee sitzt mit Olga und Paula im Hof beim Frühstück. Nach dem gestrigen Gewitter ist der Himmel heute ein blaues Dach. Finn und Hugo liegen noch in der Bettschaukel, wo sie zusammen mit Olga die Nacht unter einem Wust aus Decken verbracht haben.

Paula erzählt: „Ich kam gerade vom Joggen und dann saß Hugo da, auf dem Schleifstein vor seinem Kotten. Aber sagt mal, wisst ihr eigentlich, wo Zerberus ist? Ich habe ihn heute Morgen noch gar nicht gesehen."

„Ich auch nicht", sagt Olga. „Wie sah Hugo denn aus? Erzähl mal!"

„Wie immer eigentlich." Paula lässt den Blick über den Hof wandern. „Vielleicht war er ein bisschen struppiger als sonst. Vermutlich kam er gerade aus dem Wald."

„Und was hat er gesagt?", fragt Olga.

„Nichts. Ich bin ja gleich weitergelaufen, weil ich den Eindruck hatte, dass er allein sein will."

„Den Eindruck macht er immer", sagt Olga und trinkt ihren Tee aus. „Dann fahre ich mal zu ihm rüber. Kommst du mit, Süße?"

„Warum nicht?!", sagt Fee und holt ihr Rad aus der Scheune. Sie schaut nach, ob Zerberus irgendwo liegt und schläft. Gestern Abend hat er in ihrem Zimmer geschlafen. Doch am Morgen, als Fee aufgestanden ist, war er verschwunden.

Nach zehn Minuten stehen sie vor Ur-Hugos Kotten.

Und nach elf Minuten wissen sie, dass Ur-Hugo wieder weg ist.
Dafür finden sie im Wohnzimmer einen Zettel.
Ich muss noch eine Aufnahme machen. Morgen bin ich fertig. Sehen wir uns dann? Hugo
Olga flucht: „Dieser Mistkerl!" Sie tritt gegen den Tisch, läuft nach draußen und lässt sich auf dem Schleifstein nieder, um sogleich wieder hochzuspringen.
„Auch das noch!", stöhnt sie und streicht mit der Hand über ihren Oberschenkel. „Das Kleid war ganz neu."
Fee erkennt im Kleid ihrer Mutter einen Schnitt und fährt mit der Hand über die Stelle auf dem Schleifstein, auf der Olga gerade gesessen hat.
„Warum ist das so scharf?", fragt Fee.
„Weil Hugo die Stelle geschliffen hat", antwortet Olga.
„Wieso geschliffen?" Fee sieht ihre Mutter fragend an.
„Damit er Karl nicht vergisst", erklärt Olga. „Karl hatte sich als junger Mann bei seiner Arbeit an diesem Schleifstein so verletzt, dass er ein Leben lang humpeln musste."
„An der kleinen Stelle da?" Fee berührt die scharfe Kante erneut.
„Die Schleifsteine haben sich damals sehr schnell gedreht", erklärt Olga. „Um ein Messer zu schleifen, mussten die Arbeiter die Klinge ganz fest gegen die Schleifsteine drücken. Dabei brach manchmal ein Stück heraus und traf die Schleifer wie eine Pistolenkugel. So gesehen hatte Karl Glück, als ihn der Splitter nur im Bein getroffen hatte. Und als Erinnerung an diese Zeit hat Hugo den Stein halt geschliffen."
„Das verstehe ich nicht", sagt Fee.
„Das ist auch schwer zu verstehen", entgegnet Olga. „Für Hugo ist das eine Art Denkmal für Karl. Da nimmt er es

dann auch in Kauf, dass sich jemand an der scharfen Stelle verletzt."

„Die Menschen im Mühlbachtal sind echt komisch", sagt Fee und denkt an Hannes' Opa mit der verschlossenen Hütte. Und sie denkt an Zerberus, den jemand in der Neubausiedlung töten wollte.

„Die Menschen im Mühlbachtal haben sich an das harte Leben hier angepasst", entgegnet Olga. „Hugo ist einer der letzten, der weiß, wie es hier wirklich einmal war. Ich bin echt gespannt, was er mir sagen will."

Olga steht auf und streicht noch einmal über ihr Kleid. Dann sagt sie: „Ich schreibe Hugo eine Nachricht, und dann können wir gerne wieder fahren."

Während Olga an dem Tisch im Wohnzimmer sitzt, steigt Fee über die Treppe nach oben. Sie sieht ans Ende des kleinen Flurs. Die Tür zu Karls Zimmer, die vor ein paar Tagen noch offen stand, ist jetzt geschlossen. Jemand war wohl in der Zwischenzeit hier. Und vermutlich war dieser „Jemand" Ur-Hugo.

Fee nähert sich der Tür. Dabei knarrt der alte Holzboden unter ihrem Gewicht. Als sie ihre Hand auf die Klinke legt, zögert sie kurz. Hinter der Tür ist das Zimmer, in dem Karl bis zu seinem Tode gelebt hat. Es kommt Fee so vor, als dürfte sie es nicht betreten.

Doch dann drückt ihre Hand die Klinke wie von selbst herunter und Fee steht plötzlich vor dem dunklen Raum, in dem es muffig riecht und der sie an die Höhle denken lässt, vor der es auch so seltsam war, als wäre etwas darin, das sie nicht sehen kann. Etwas, das da ist und von dem sie nicht weiß, was es ist.

„Neugierig?", ruft Olga von der Treppe aus.

Fee zuckt zusammen und ruft: „Mama!" Zugleich hält sie ihre Hand vor den Mund.

„Sollen wir reingehen?", fragt Olga und drückt sich an Fee vorbei ins Zimmer.

Fee erkennt im Dämmerlicht das Bett, das sie bereits gesehen hatte, als sie vor wenigen Tagen das erste Mal hier oben waren. Und sie sieht noch etwas, das an der gegenüberliegenden Wand lehnt und wie ein großer Mensch aussieht.

„Und ich dachte, er hätte ihn verkauft", sagt Olga.

„Was ist das?", fragt Fee leise.

„Das ist Hugos Kontrabass."

Olga zupft an einer Saite und ein brummiger Ton entweicht dem Instrument.

„Klingt wie ein Bär", sagt Fee.

„Weißt du was?", fragt Olga. „Ich ziehe jetzt mal die Vorhänge auf, auch wenn Hugo das nicht will."

Olga geht zum Fenster und zieht den Stoff beiseite. Die Sonne fällt herein und erfüllt das Zimmer mit hellem Licht. Unzählige Staubpartikel schweben in der Luft, als würde es schneien. Und dann öffnet Olga das Fenster und lehnt sich hinaus.

Fee stellt sich neben ihre Mutter und sieht auf den plätschernden Mühlbach, der neben dem Haus vorbeifließt. Das hölzerne Wasserrad hängt darüber und ist mit einer Achse an der Seitenwand des Kotten befestigt.

„Im Wohnzimmer unten war die Werkstatt", erklärt Olga. „Da haben die Schleifer gearbeitet. Und hier oben waren ihre Schlafzimmer."

Fee wirft einen Blick auf den großen Kontrabass, der ganz verstaubt ist.

„So ein Instrument habe ich noch nie gesehen", sagt sie.
„Als junger Mann ist Hugo mit zwei anderen Musikern über die Dörfer gezogen und hat Musik gemacht. Karl und Franziska waren auch immer dabei."
„Und jetzt komponiert er?", fragt Fee.
„Ja, schon lange", antwortet Olga. „Für meine Mutter war das immer furchtbar. Alle Väter hatten normale Berufe, und Hugo war Musiker."
„Was ist daran denn furchtbar?", fragt Fee.
„Naja", sagt Olga. „Hugo, Karl und Franziska waren echte Freaks. Die Menschen lebten in ihren Reihenhäusern, und die drei hausten in dem kleinen Kotten ohne Strom und mit einem Toilettenhäuschen auf der Weide. Hannes' Opa war auch ganz oft bei ihnen. Die hatten so eine Art Künstlerkolonie. Der eine hat den ganzen Tag gemalt, Hugo hat seine Musik gemacht. Und meine Mutter wollte dann irgendwann nur noch weg von hier."
Olga schließt das Fenster. „Sollen wir wieder gehen?"
Sie verlässt das Zimmer, um über die schmale Treppe nach unten zu steigen. Fee schlägt die Saiten des Kontrabasses alle zugleich an und läuft erschreckt aus dem Zimmer.

2

„Ich mache mir wirklich Sorgen um Zerberus", sagt Paula, als Fee und Olga wieder zurück sind.
„Hast du nicht gesagt, dass Zerberus den Taubenschlag nie verlässt?", fragt Olga.
„Das ist auch so", bestätigt Paula. „Deshalb verstehe ich das nicht. Wir haben überall gesucht. Aber er ist nicht hier."
Da kommt Hannes in den Taubenschlag.
Er sagt: „Hallo", und Fee sagt: „Zerberus ist weg."

Hannes sieht sie fragend an.

„Ist er weggelaufen?"

„Vielleicht", antwortet Fee.

„Sollen wir im Wald nach ihm suchen?", schlägt Hannes vor.

„Das wär total nett von euch!", sagt Paula.

Als Fee und Hannes am Teich vorbeikommen, fragt Fee: „Habt ihr eigentlich auch Kröten in eurem Teich?"

„Wir hatten mal welche", sagt Hannes.

„Und jetzt nicht mehr?"

„Nee."

„Warum?"

„Weil mein Vater Kois haben wollte. Und als die Kröten im Frühling zurückkamen, um in dem Teich ihre Eier abzulegen, hockten sie auf der Glasscheibe, weil sie nicht ins Wasser kamen. Da habe ich sie hierher gebracht."

„Ist eh viel schöner", sagt Fee und betrachtet das Gewässer, das von ausladenden Bäumen überdacht wird. Die herabhängenden Zweige wehen sanft im Wind, der die frischen Blätter erzittern lässt.

Hannes knickt ein Stöckchen entzwei und wirft es ins Wasser. „Da sind die letzten Kröten", sagt er. „Morgen sind die bestimmt weg."

„Die sind eben hibbelig", entgegnet Fee.

„Wie deine Mutter", sagt Hannes und zwinkert Fee zu. Und die sagt: „Wenigstens legt Mama keine Eier."

Im selben Moment stupst Hannes Fee an.

„Guck mal da", flüstert er und zeigt über den Teich in den Wald.

Fee springt auf.

Ur-Hugo läuft mit einem Mikrofon in der Hand durch das frische Grün. Er trägt Kopfhörer und hat seine Kappe in den Nacken geschoben.

3

„Meinst du, er findet es cool, wenn wir ihn verfolgen?", fragt Hannes.
„Glaubst du, ich finde es cool, noch länger auf ihn zu warten?", hält Fee dagegen.
Sie laufen seit einer Viertelstunde hinter Ur-Hugo her, der immer wieder stehen bleibt und sein Mikrofon an irgendwelche Sträucher hält. Dabei streicht er sich gelegentlich über seinen weißen Schnauzbart oder kratzt sich am Kopf, was dazu führt, dass seine Kappe immer tiefer in den Nacken rutscht und sein struppiges weißes Haar entblößt.
„Was nimmt der eigentlich auf?", fragt Hannes.
„Was weiß ich", sagt Fee und duckt sich schnell, als sich Ur-Hugo umdreht. Er hält das Mikrofon knapp über das Gras, das in den letzten Tagen deutlich höher geworden ist. Dann läuft er weiter, als wäre an anderer Stelle etwas Interessanteres zu hören.
„Und jetzt?", fragt Hannes.
Fee sagt: „Keine Ahnung."
Da dreht sich Ur-Hugo um und läuft auf die beiden zu.
„Duck dich!", sagt Fee, auch wenn sie gar nicht weiß, warum sie sich vor ihrem Urgroßvater verstecken will.
Hannes drückt sich neben Fee ins Gras, und Ur-Hugo geht an ihnen vorbei. Er hält das Mikrofon noch immer knapp über dem Boden, und Fee sieht sein faltiges, von der Sonne gebräuntes Gesicht mit dem weißen Schnauzbart und den strahlend blauen Augen.

„Was machen wir jetzt?", flüstert Hannes, als Ur-Hugo an ihnen vorbeigelaufen ist.
„Jetzt gehe ich zu meiner Mutter", sagt Fee.

Als sie wieder im Taubenschlag sind, erzählen sie, was gerade passiert ist.
„Wo ist Hugo denn hingegangen?", fragt Olga.
„Das kann ich nicht sagen", sagt Hannes. „Er ist nicht immer geradeaus gelaufen. Vielleicht zur Höhle?"
„Und habt ihr Zerberus gesehen?", fragt Paula.
Fee schüttelt den Kopf und sieht, dass Paula nervös an ihrer Unterlippe nagt.
„Ich glaube, wir sollten ihn jetzt suchen", sagt Paula. „Am besten teilen wir uns auf. Wenn jeder in eine andere Richtung läuft, können wir das Mühlbachtal am schnellsten durchkämmen."

4

Ein paar Minuten später starten sie die Suche nach Zerberus.

Finn und Hugo wollen vom Taubenschlag aus an der großen Bühne vorbei über die Weide laufen, während Hannes und Paula in die Neubausiedlung gehen. Bente und Jim kraxeln hinter dem Mühlbach auf den Hügel, und Ernie und Daniel gehen in die entgegengesetzte Richtung.
„So müssten wir Zerberus früher oder später finden", sagt Paula, „obwohl ich mir noch immer nicht vorstellen kann, dass er allein in den Wald gelaufen ist."

„Wie sah Hugo denn aus?", fragt Olga, als sie über den Waldweg laufen.

„Alt", antwortet Fee.
„Älter als früher?"
„Glaube schon." Fee erinnert sich an die Fotos, die sie von Ur-Hugo kennt, und denkt an seine faltige Haut und die weißen Haare, die sie vorhin gesehen hat.
Olga bleibt kurz stehen und sieht sich um.
„Wo mag dieser riesige Hund nur sein?", fragt sie.
„Hoffentlich nicht in der Neubausiedlung", erwidert Fee.

Nach einer halben Stunde erreichen sie das Ende des Mühlbachtals. Dahinter erstreckt sich ein großes Rapsfeld bis zum Horizont.
„Vielleicht waren die anderen erfolgreicher", sagt Olga und dreht sich um.
Als sie in den Taubenschlag zurückkehren, erkennt Fee bereits von Weitem, dass sich alle im Hof versammelt haben.
Unter der Birke sitzt Ur-Hugo. Davor liegt Zerberus, die Schnauze zwischen den Pfoten.

5

„Was fällt dir ein!?", ruft Olga, als sie mit großen Schritten in den Taubenschlag stapft. Sie baut sich vor Ur-Hugo auf. „Ich bin extra wegen dir hierhergekommen, und du lässt mich die ganze Zeit warten!"
„Ich hab dir geschrieben", sagt Ur-Hugo. „Außerdem kannst du froh sein, dass ich den da entdeckt habe."
Er stupst Zerberus mit der Fußspitze an und sieht fragend zu Olga, die wie eine lauernde Katze vor ihm steht. Es scheint, als wolle sie ihren Großvater gleich anspringen.
Paula und Ernie halten den Atem an, während Daniel, Jim und Bente zu Boden sehen, da wo Zerberus liegt und von

Fee und Hannes gekrault wird. Vor ihm steht eine Schale mit Wasser. Aber Zerberus hat seine Augen geschlossen und schläft.

Nach einer Weile, in der das Schweigen zwischen Ur-Hugo und Olga immer drückender wird, sagt Paula schließlich: „Irgendein Idiot hat ihn an einen Baum gebunden." Sie hebt ein Seil vom Boden auf, an dessen Ende eine Schlinge ist.

„Was ist los?" Olgas Blick huscht umher.

„Ich hab den alten Kerl bei der Höhle entdeckt", erklärt Ur-Hugo. „Ich dachte schon, er wär hinüber, so wie er dalag. Er war völlig dehydriert."

Fee schlingt ihre Arme um Zerberus' Hals.

„Wer macht denn so etwas?", flüstert sie ihm ins Ohr.

Zerberus winselt leise, während Fee mit den Fingern sein stumpfes Fell krault.

„Kann ich mal sehen?", fragt Hannes und zeigt auf das Seil.

„Klar", sagt Paula und gibt Hannes den Strick, mit dem Zerberus vor der Höhle an einen Baum gebunden wurde.

„Jetzt ist er ja hier", sagt Ur-Hugo. „Ich übrigens auch." Er breitet seine Arme aus. „Komm mal her, Oletschka. Bist schön wie immer."

„Hauptsache schön", sagt Olga spöttisch.

Die beiden umarmen sich.

Und dann dreht sich Olga zur Seite und sagt: „Darf ich dir meine Kinder vorstellen? Da ist Fee. Die erkennst du bestimmt. Und hinter Finn steht Hugo."

Ein Lächeln huscht über Ur-Hugos Gesicht. Er zwinkert Fee zu.

„Dich hab ich sofort erkannt. Siehst aus wie deine Mutter."

„Und wie meine Oma", denkt Fee und sagt: „Hallo!"

Ur-Hugos Augen funkeln wie zwei blaue Murmeln, als sein

Blick den kleinen Hugo trifft, der die ganze Zeit hinter Finn steht.
„Und du bist Hugo?"
Alle Blicke richten sich auf Hugo, der aussieht, als hätte er ein Gespenst gesehen. Es braucht einige Sekunden, bis er sich gefangen hat und sagt: „Ich heiße wie du."
Da lächelt Ur-Hugo und sagt sanft: „Schön, dass ihr da seid!"

Wenig später erzählt Ur-Hugo, wie er Zerberus gefunden hat.
„Am frühen Morgen hatte ich ein Weinen im Kopfhörer. Mein Mikrofon hat zwar eine große Reichweite, aber es kann Geräusche nur schlecht lokalisieren. Und so bin ich den Vormittag lang umhergelaufen und habe schließlich den Riesen da entdeckt. Er lag ganz flach im Gras, wie ein Rehkitz." Ur-Hugo lacht. „Ein gigantisches Rehkitz."
„Zerberus würde den Hof nie verlassen", sagt Paula.
„Dann hat ihn wohl jemand mitgenommen", entgegnet Ur-Hugo.
Finn sieht ihn fragend an. „Wer kann das gewesen sein?"
„Woher soll ich das wissen? Aber mal was anderes. Dank eures Hundes ist meine Sinfonie jetzt fertig. Wer will, kommt heute Abend zu mir und hört sie sich an. Ist aber keine leichte Kost."

Damit steht er auf und wirft seine Tasche über die Schulter.
„Ich muss mal schlafen", sagt er. „Wir sehen uns heute Abend?"
Olga sagt: „Ich komme. Aber wenn du wieder weg bist, bin ich auch weg. Verstanden?"

Da macht Ur-Hugo einen Schritt auf Olga zu und streicht ihr über die Wange.

„Habe ich verstanden, Oletschka. Musst nicht abhauen. Ich bin jetzt da!"

Damit verschwindet er im Wald.

6

Kurz darauf füttert Fee den großen Zerberus mit einem gekochten Ei, ehe er weiterschläft.

„Wenn ich herausfinde, wer das war, werde ich zur Mörderin!", sagt Paula.

Hannes stellt sich hinter Fee und flüstert: „Kommst du mal?"

„Was ist denn?", fragt Fee.

„Komm einfach", sagt Hannes und geht über den Hof auf die Weide.

Vor der Bettschaukel bleibt er stehen und tritt verlegen von einem Fuß auf den anderen. Die Nachmittagssonne taucht das Mühlbachtal in tiefes Orange. Vereinzelte Wölkchen hängen wie Farbkleckser am Himmel, und die Bäume tragen ihr frisches Grün wie ein raschelndes Kostüm.

„Das Seil, mit dem Zerberus an den Baum gebunden wurde, das ist von euch", sagt Hannes schließlich.

„Als ob!", ruft Fee und wendet sich ab.

Doch Hannes hockt sich vor die Bettschaukel, die ruhig an der großen Buche hängt. Er zeigt zu der Stelle, wo gestern noch das Seil befestigt war.

„Siehst du?", sagt er. „Das Seil ist weg."

Fees Hals schnürt sich mit einem Mal zu, als würde ihr jemand den fehlenden Strick umlegen. Sie denkt an Paula und Ernie und Finn und Bente und Daniel und Jim und Juli und

Keto – und bei keinem kann sie sich vorstellen, dass er Zerberus an einen Baum im Wald gebunden haben könnte.
Aber irgendwer hat es getan. Und vor diesem Menschen hat Fee Angst.

7

Am frühen Abend fahren sie durch den Wald, um Ur-Hugos *Sinfonie vom Mühlbachtal* zu hören. Paula und Ernie sind bei Zerberus im Taubenschlag geblieben, während Bente, Daniel und Jim ein Fahrradrennen mit Keto und Juli veranstalten. Sie versuchen, einander vom Weg abzudrängen und rufen sich immer neue Schimpfwörter zu, die Hugo freudig wiederholt. Olga zischt immer wieder: „Hugo, hör auf damit!", während Finn auf dem hinteren Sitz des Quadem sitzt und lacht.
„Ich bin gespannt, was das heute Abend gibt", sagt Finn, als sie über die kleine Brücke auf den Kotten zufahren. „Der Titel ist in jedem Fall schon mal gut. *Die Sinfonie vom Mühlbachtal.* Das macht neugierig, oder?"
Fee sagt: „Ja", und springt von ihrem Rad. Sie denkt an Hannes, der den Taubenschlag vorhin so schnell verlassen hatte. Sie wollte ihn noch fragen, wer seiner Meinung nach Zerberus entführt und an einen Baum gebunden haben könnte. Aber Hannes war ohne ein weiteres Wort im Wald verschwunden.

Fee läuft in den Kotten, und als sie über die schmale Treppe nach oben steigt, steht die Tür zu Karls Zimmer offen. Ur-Hugo sitzt vor einem Mischpult, neben dem zwei Lautsprecher stehen. Er sieht Fee kurz an und nickt, während die anderen vor dem Kotten miteinander reden und lachen.

Fee ruft: „Wir sind hier oben!", und kurz darauf stehen Keto und Juli in der Tür.

„Darf man reinkommen?", fragt Juli.

„Ja, ja ...", brummt Ur-Hugo.

Und dann betritt einer nach dem anderen das dunkle Zimmer, in dem Ur-Hugo unbewegt vor dem Mischpult hockt.

„Sind alle da?", fragt er schließlich. „Dann kanns ja losgehen."

Er tritt gegen die Tür, die mit einem Knall zufliegt.

Sofort ist es dunkel in dem kleinen Zimmer.

8

Fee tastet nach der Hand ihrer Mutter und wundert sich, dass der vorbeifließende Mühlbach mit einem Mal so laut ist.

Da begreift sie, dass es nicht der Mühlbach ist, den sie hört, sondern eine Tonaufnahme, die aus den Lautsprechern kommt.

Fee schließt die Augen, trotz der Dunkelheit im Zimmer.

Fee sieht Wasser talabwärts fließen. Ihre nackten Füße stehen im sandigen Mühlbachgrund und ertasten kleine Kiesel mit den Zehen. Es ist ein schönes Gefühl, von dem wirbelnden Wasser umspült zu werden. Sie hält ihr Gesicht in die wärmende Frühlingssonne und atmet ruhig ein und aus. Die Ufergräser kitzeln ihre Arme, und sie hört die rauschenden Bäume über sich, deren Blätter ein schützendes Dach bilden.

Als Fee gerade denkt: „Hier möchte ich für immer bleiben!", hört sie ein rhythmisches Geräusch, als hielte jemand ein Stück Holz ins Wasser, das auf die Wellen schlägt.

Es klingt wie ein Wasserrad, das im Bachlauf hängt. Mit ungebremster Kraft strömt das Wasser in die Holzfächer und

treibt das Rad an, das immer schneller wird und sich laut pladdernd durch den Mühlbach pflügt.
Fee hat Angst vor dem sich drehenden Rad.
Fee spürt Olgas Daumen über ihren Handrücken streicheln.
„Alles gut, Süße?", flüstert Olga.
Fee wispert: „Ja …"
Sie versucht ihre Füße aus dem sandigen Grund zu heben. Doch der Mühlbach hält sie fest, als wolle er sie zum Bleiben zwingen. Nur mit Mühe gelangt Fee ans Ufer, wo sie aus sicherer Entfernung auf das Wasserrad sieht, dessen rotierende Achse in Ur-Hugos Kotten führt. Fee spürt die Kraft des gebändigten Wassers als Zittern im Gebälk.
Olga sagt: „Das wird ja immer lauter!"
Fee zischt: „Psst, ich will das hören!"
Sie schlüpft durch die Tür in Ur-Hugos Kotten. Doch anstatt des Wohnzimmers steht sie jetzt in einer Werkstatt mit einem mächtigen Schleifstein in der Mitte, der sich um sich selbst dreht.
Wenig später kreischt es schrill, als würde etwas Metallenes gegen den harten Schleifstein gedrückt. Fee sieht Funken, die von dem Metallstück in den Raum fliegen. Und dann ertönt ein lauter Knall. Fee schreckt auf.
Olga stöhnt: „Was zum Teufel war das?!"
Fee hört das Poltern des Metallstücks, das auf den hölzernen Boden fällt und das wimmernde und verzweifelte Schluchzen eines Mannes, der mit humpelnden Schritten durch die kleine Werkstatt läuft. Kurz darauf betreten eine Frau und ein anderer Mann mit klappernden Schritten den Raum und sprechen beruhigende Worte, während die Schmerzenslaute des verletzten Mannes langsam schwächer werden, bis sie schließlich ganz verstummen.

Das Surren des Schleifsteins verebbt, dafür dringen Waldgeräusche an Fees Ohr, das Zwitschern von Vögeln und das Rauschen der Bäume im Wind. Und über allem liegt eine leise Melodie, ein Walzer, zu dem man tanzen könnte.

Olga flüstert: „Jetzt hört man endlich mal Musik."

Fee macht wieder: „Psst!"

Sie sieht einen Schwarm Vögel über das Mühlbachtal gleiten. Bienen summen vorbei. Es sind die Geräusche des Sommers. In der Ferne brüllt eine Kuh, und in der Nähe zischt eine Sense durch das hohe Gras. Ein Mann lacht, ein anderer Mann sagt etwas. Dann wird die Walzermelodie von den beiden Männern gepfiffen, die durch das raschelnde Gras davongehen. Ihre Schritte klingen dumpf, als sie über den weichen Waldboden laufen. Nur gelegentlich weht das Plätschern des Mühlbachs herüber.

Und dann klappern ihre Sohlen über festen Grund. Fee sieht das Kopfsteinpflaster des Taubenschlags und hört die Blätter der Birke leise im Sommerwind rauschen.

Die lachenden Männer betreten die Scheune des Taubenschlags und legen sich ins raschelnde Stroh. Ihr Lachen wechselt zu einem Kichern, und schließlich vernimmt Fee das Geräusch von Mündern, die sich küssend berühren.

In dem kleinen Zimmer wird gelacht. Finn macht die Kussgeräusche nach.

Als die Walzermelodie erneut erklingt, erkennt Fee die tiefen Töne eines Kontrabasses, der von einer Geige und einem Akkordeon begleitet wird. Menschen sind beisammen, sie tanzen und stoßen freudige Schreie aus. Die Musik wird schneller und lauter, wie bei einem Fest, das seinem Höhepunkt entgegeneilt.

Da löst sich aus der Fülle der Geräusche die Stimme einer Frau, die „Komm!", sagt, und ein Mann antwortet: „Ja."

Die Musik verebbt, und eine Tür knarrt, Holzdielen knacken, und schließlich ist es still. So still, dass Fee genau hinhören muss, um den Mühlbach zu erkennen.

„Wars das?", flüstert Finn.

„Ich glaube nicht", antwortet Olga.

Fee lauscht dem Beginn eines morgendlichen Vogelkonzertes. Unter das frühe Zwitschern und Singen mischen sich auch die Geräusche des Waldes, als würde der Wind anheben und sich zu einem Sturm ausweiten, einem Herbststurm, der den lauen Sommernächten folgt und wenig später in das eisige Heulen eines zugigen Wintertages übergeht, der den Schnee in frostigen Böen durchs Mühlbachtal jagt.

Fee reibt sich die Arme. Ihr wird plötzlich kalt.

Und dann flaut der Wintersturm ab und geht in einen lauen Frühlingswind über.

Fee wird es wieder warm und sie streckt sich wohlig aus.

Nun folgt in regelmäßigen Abständen das gepresste Wimmern einer Frau, die vor Schmerz stöhnt, begleitet von zwei Männerstimmen, die ihr Mut zusprechen. Nach langen Minuten wird es plötzlich still, und kurz darauf ertönt der Schrei eines neugeborenen Kindes.

Fee ahnt, wie die drei zusammensitzen, in der Mitte das Neugeborene, das gurrende Töne von sich gibt. Mit jeder Minute, die vergeht, verändert sich der Klang des Kindes und wechselt von den kehligen Lauten eines Säuglings zu den ersten gesprochenen Worten, die allmählich lauter und zorniger werden, bis es schließlich eine Frau ist, die schreit und wütet und mit festem Schritt davonläuft.

Danach ist es wieder still. Nur das pladdernde Geräusch des Wasserrades ist noch zu hören. Und als auch das verstummt, bleiben nur der Mühlbach und die leisen Stimmen der drei

Menschen, die letztlich auch ins Schweigen gleiten und verstummen. Bis auf ein Weinen, das schwach zu hören ist.
Olga flüstert: „Ist das ein Kind?"
„Nein, das ist Zerberus", sagt Finn.
Und Fee denkt: „Da weint ein alter Mann."
Sie lauscht den klagenden Lauten, die aus den Lautsprechern in das Zimmer tönen.
Sie hört ein schabendes Geräusch und sieht Ur-Hugo auf dem Schleifstein sitzen, wie er die Kerbe schärft, aus der einst der Splitter brach, der aus dem jungen Karl einen Krüppel machte. Blut tropft von Ur-Hugos Hand und fließt als dünnes Rinnsal in den rauschenden Mühlbach.

9

Als Erstes rührt sich Finn. Er räuspert sich und sagt: „Sollen wir mal lüften? Hier ist es ganz schön stickig."
„Ich mach die Tür auf", sagt Bente.
Fee hört Schritte in dem kleinen Raum und wenig später fällt ein Lichtkegel ins Zimmer.
Ur-Hugo hockt mit geschlossenen Augen vor dem Mischpult, und es scheint, als würde er schlafen.
„Etwas Bewegung könnte auch nicht schaden", sagt Bente und verlässt das Zimmer, gefolgt von Daniel und Jim.
Juli sagt: „Mensch Hugo, was für Klänge!"
„Ja, cool!", sagt Keto. „Auch wenn ich nicht ganz verstanden habe, was du damit sagen willst."
Ur-Hugo schweigt, und Finn zwinkert Olga zu, ehe er mit dem kleinen Hugo das Zimmer verlässt.
„Ich bin dann auch mal draußen", sagt Keto und klopft Ur-Hugo auf die Schulter.

Als Fee mit Olga und Ur-Hugo allein ist, hört sie ein seltsames Geräusch, ein kehliges Fiepen, das aus den Lautsprechern kommt.
„Das klingt ja bezaubernd", sagt Olga. „Was ist das?"
Ur-Hugo starrt noch immer auf den Tisch, und Fee begreift, dass die *Sinfonie vom Mühlbachtal* noch nicht beendet ist.
Sie schließt die Augen und denkt an den Teich, über dem die luftigen Zweige hängen und in dem der Krötenlaich liegt. Bald schlüpfen die Kaulquappen, während ihre Kröteneltern längst zu den Sommerquartieren gewandert sind. Die meisten Kaulquappen werden von anderen Tieren gefressen und nur einige verlassen den Teich als kleine Kröte. Jahre später werden sie zurückkehren und sich paaren, so wie es ihre Eltern und Großeltern und alle anderen Kröten vor ihnen getan haben. Doch keine von ihnen weiß, wer zu wem gehört. Das ist das geheimnisvolle Leben der Kröten.
Fee sieht Ur-Hugo lange an. Sie denkt an das, was sie gerade gehört hat, an die Stimmen der beiden Männer, die sich geküsst haben, und an die Frau, die nach dem Fest mit einem Mann in ein Haus gegangen ist und die nach Monaten ein Kind zur Welt gebracht hat.
„War das Baby Veronika?", fragt Fee.
Ur-Hugo öffnet seine Augen und sieht Fee an. Dabei lächelt er stumm und zwinkert ihr zu, steht auf und geht zur Tür hinaus.

10

Als Olga den Vorhang zur Seite schiebt und das Fenster öffnet, fällt das letzte Licht des Tages in das kleine Zimmer.
„Was war das gerade?", fragt Olga.

Fee sieht ihre Mutter an, als hätte sie geschlafen. Sie reibt ihre Augen und sieht den kargen Raum mit dem schmalen Bett und dem Kontrabass, der an der Wand lehnt, den Tisch und die beiden Lautsprecher.

„Warum hast du nach Veronika gefragt?" Olga setzt sich auf den Schemel, auf dem Ur-Hugo gerade noch gesessen hat.

Fee denkt an die Geräusche und die Dinge, die sie vor ihrem inneren Auge gesehen hat. Aber es ist wie ein Traum, dessen Bilder beim Aufwachen noch da sind und sich langsam wieder verflüchtigen.

„Alles klar mit dir?", fragt Olga.

Fee zuckt mit den Schultern und hört, wie jemand ihren Namen ruft.

11

Hannes steht in der Tür. Er ist bleich und zittert am ganzen Körper. Er greift nach Fees Hand und zieht sie mit sich in den Flur.

Fee ist zu überrascht, um Hannes zu fragen, was er will. Sie stolpert über die schmale Stiege nach draußen, wo die anderen schweigend übers Mühlbachtal sehen, das im Licht der blutrot untergehenden Sonne vor ihnen liegt.

„Was ist denn los?", fragt Fee.

Hannes läuft über die Weide, hin zum Taubenschlag und weiter in den Wald.

„Siehst du gleich", sagt er atemlos.

„Schon wieder eine Überraschung?", fragt Fee.

Hannes schweigt und beschleunigt das Tempo. Dabei sieht er zu Boden, als wäre er plötzlich unsicher und hätte Angst zu stürzen.

„Sag doch endlich, was los ist", verlangt Fee.
Hannes rudert mit den Armen, als würde er die Antwort aus der Luft greifen wollen. Aber er bekommt kein Wort heraus.
Und als Fee fragt: „Ist was mit Anton?", bleibt Hannes stehen und sieht Fee aus verzweifelten Augen an.

Es ist ein furchtbares Bild, das sich sofort in Fees Gehirn einbrennt. Um den Teich herum sind Stöcke in den Boden gesteckt. Und auf diese Stöcke sind Kröten gespießt.
Es sind zwei Dutzend Stöcke, auf denen die Tiere mit ihren Beinen und Armen ins Leere rudern, als wollten sie davonlaufen. Andere sind bereits gestorben und hängen kraftlos herab.
Hannes verbirgt sein Gesicht mit den Händen. Fee macht einen Schritt nach vorne. Die Kröten sehen sie aus goldenen Augen an, die trotz der Qual keinen Schmerz zeigen. Und auch keine Klage oder Wut oder Verzweiflung oder Angst liegt in ihren Blicken. Die Kröten sehen Fee einfach nur an – und das bricht ihr das Herz und sie beginnt zu weinen.
Nach einer Weile sagt Fee: „Wir müssen ihnen helfen."
„Ich weiß", sagt Hannes. Er atmet stoßweise ein und aus und wischt sich die Tränen aus dem Gesicht. „Aber ich will nicht, dass sie noch mehr leiden."
„Gibt es hier einen Tierarzt?", fragt Fee.
„In der Stadt", antwortet Hannes.
„Wir müssen den holen."
„Das ist zu weit. Ich hab auch mein Handy nicht mit."
„Dann gehen wir in den Taubenschlag", bestimmt Fee.

Als sie den Taubenschlag erreichen und Fee mit wenigen Worten berichtet, was sie gesehen haben, ruft Paula: „Um Himmels willen, das ist ja schrecklich!"
Sie fischt ihr Handy aus der Tasche und ruft den Tierarzt an. Sie vereinbaren, dass er sofort zum Teich kommt.
Zerberus trottet herbei und Fee hockt sich zu ihm auf den Boden und krault sein Fell.
„Das muss schlimm für dich sein", sagt Paula zu Hannes. „Du bist so oft am Teich, nicht wahr?"
Hannes steht mit gesenktem Kopf vor Paula und nickt.

Eine Viertelstunde später treffen sie den Tierarzt am Teich. Im Wald ist es jetzt fast dunkel, aber im Wasser spiegelt sich das letzte Licht des Tages, das durch die Bäume fällt.
„Ich nehme sie alle mit", sagt der Tierarzt. „Ich befürchte aber, dass sie das nicht überleben werden. Die Verletzungen sind einfach zu groß." Er schneidet die Stöcke mit einer Gartenschere ab und legt die durchbohrten Kröten in eine Kiste, die er zuvor mit Watte ausgepolstert hat.
„Da war jemand äußerst gründlich", sagt er. „So wie es aussieht, ist keine Kröte mehr im Teich. Aber wenigstens ist der Krötenlaich unversehrt."
„Das ist so fies", sagt Paula. „Und wissen Sie was? Heute Nacht oder am frühen Morgen hat irgendwer Zerberus bei der Höhle an einen Baum gebunden. Der wäre glatt verdurstet, wenn ihn Hugo nicht gefunden hätte."
„Was ist denn bei Ihnen los?!", fragt der Tierarzt. „Hat man es wieder auf Sie abgesehen?"
„Ist vielleicht wegen des Festivals", überlegt Paula. „Aber ... nein, eigentlich kann das nicht sein. Was haben die Kröten damit zu tun?"

Der Tierarzt zuckt mit den Schultern und legt die letzte Kröte behutsam in die Kiste.
„Ich kann mir Zerberus gerne mal ansehen", schlägt er noch vor. „Ich fahre aber erstmal in die Praxis zurück."
„Das wär total lieb!", sagt Paula.
Fee steht neben Hannes, der während der letzten Minuten kein Wort gesagt hat. Und auch Fee ist kaum in der Lage zu sprechen.
„Kommt ihr mit in den Taubenschlag?", fragt Paula.
Fee sieht Hannes fragend an.
„Ich muss nach Hause", sagt Hannes. „Mein Vater wartet auf mich." Dabei sieht er Fee verstohlen an.
„Ich komm mit dir!", entscheidet Fee und erkennt in Hannes' Gesicht ein kleines Lächeln.
„Und wie kommst du zurück?", fragt Paula.
Fee zuckt mit den Schultern, und Hannes sagt: „Ich kann dich mit dem Fahrrad bringen."
„Darfst du denn so spät noch in den Wald?", fragt Paula.
Hannes sagt: „Klar."
Fee sieht nochmal zum Teich, der wieder ein Ort des Friedens ist. Nichts erinnert mehr daran, was eben hier passiert ist.

12

Hannes sagt kein Wort, bis sie vor seinem Haus angekommen sind. Er scheint meilenweit von Fee entfernt zu sein, obwohl er neben ihr steht.
Dann flüstert er: „Anton wars."
Fee erstarrt.
„Wie jetzt?"
„Anton wars", wiederholt Hannes. „Er hat die Kröten getötet."

Da öffnet sich die Haustür und ein älterer Mann kommt heraus.
„Da bist du ja endlich. Weißt du, wo dein Bruder ist?"
Fee sieht im Gesicht des Mannes die gleichen unzähligen Sommersprossen, die auch Hannes hat.
Hannes sagt: „Im Wald war er nicht."
Der Mann schüttelt den Kopf. Er wirft Fee einen kurzen Blick zu.
„Du musst Fee sein. Das sieht man gleich. Ich bin Dirk. Veronika hat mir schon von dir erzählt."
„Hallo", sagt Fee.
Der Mann wendet sich wieder an Hannes.
„Ich fahr dann noch mal rum und suche deinen Bruder. Ruf aber an, wenn er inzwischen nach Hause kommt, ja?"
Hannes zuckt mit den Schultern, und Dirk geht ums Haus und kommt mit einem Fahrrad zurück. Dann fährt er über die Straße Richtung Wald davon.

Nach einer Weile sagt Hannes: „Wenn mein Vater erfährt, dass Anton die Kröten getötet hat, muss er in die Klinik."
„Wo ist Anton denn jetzt?", fragt Fee.
„Er ist weggelaufen. Ich weiß nicht, wo er ist."
„Und jetzt?", fragt Fee.
Hannes sieht Fee mit flehendem Blick an.
„Anton ist krank. Also, er ist krank im Kopf. Und wenn mein Vater das mit den Kröten erfährt, kommt er wieder weg."
„Und da wird er gesund?", fragt Fee.
„In der Klinik soll er normal werden", erklärt Hannes. „Und nicht immer weglaufen oder sich vor anderen verstecken oder so."
„Gehört Eier werfen auch dazu?"

„Ja, sowas halt. Und Tiere töten."
„Hat er das schon einmal gemacht?"
„Ja, vor einem Jahr, als die Kröten auf der Glasplatte von unserem Teich saßen."
„Aber da hattest du die Kröten doch in den Teich im Wald gebracht", wundert sich Fee.
„Nur ein paar. Die meisten hatte Anton ... mit einem Stein erschlagen."
Fee verzieht ihr Gesicht. Bei dieser Vorstellung wird ihr übel. Und auch Hannes spricht nicht weiter und starrt vor sich auf den Boden.
Da hört Fee zwei Glockenschläge.
Sie hebt den Kopf und sieht Ur-Hugo vor Veronikas Haustür stehen.
Als sich die Tür öffnet, ruft Veronika: „Was machst du denn hier?"
„Ich muss dir was sagen", brummt Ur-Hugo.
„Aber das ist ... also, das ist jetzt ... etwas überraschend", stammelt Veronika.
„Klar", brummt Ur-Hugo. „Ist aber wichtig. Kann ich rein? Oder sollen wir das hier draußen besprechen?"
Als Ur-Hugo in Veronikas Haus verschwunden ist, läuft Fee mit Hannes durch sein Wohnzimmer und betritt den Garten, der von den Scheinwerfern im Teich erhellt wird. Die großen Kois schweben in dem grünen Wasser, und über der kleinen Mauer am Rand des Gartens tanzen flirrende Schatten.
Fee kauert sich hinter die Hecke und sieht nach nebenan. Ur-Hugo steht in dem weißen Wohnzimmer. Er kratzt sich verlegen am Kopf, und Veronika hat die Arme vor der Brust verschränkt und betrachtet ihren Vater mit einer Mischung aus Furcht und Neugier.

„Kannst du was hören?", fragt Hannes, der hinter Fee steht.
„Wie denn?", fragt Fee. „Die Terrassentür ist doch zu."
Fee sieht Veronika auf die Couch zeigen. Ur-Hugo zuckt mit den Schultern und setzt sich umständlich hin. Er streicht sich durch den weißen Schnauzbart und blickt sich im Zimmer um. In dem schicken Haus sieht er in seiner verbeulten Hose und der Kappe auf dem Kopf wie ein altes Möbelstück aus.

„Wie war denn die Sinfonie?", fragt Hannes nach einer Weile.
„Weiß ich nicht", antwortet Fee abwesend. „Da waren eigentlich nur Geräusche."
„Deshalb ist dein Uropa so lange mit einem Mikrofon durchs Mühlbachtal gelaufen?"
„Möglich", sagt Fee und sieht ihre Oma, die aufrecht auf dem Sofa sitzt. Veronikas Gesicht ist blass und hart, und ihre Augen sind hellwach, während Ur-Hugo die Hände zwischen den Beinen gefaltet hält und zu Boden blickt.

Nach ein paar Minuten fragt Hannes: „Ist das nicht ein bisschen langweilig, so rumzustehen?"
Fee dreht sich um und lächelt verlegen.
Und dann sieht sie wieder auf die Szene nebenan, wo Ur-Hugo und Veronika in dem weißen Zimmer voreinander sitzen.
Hannes fragt: „Was hältst du von einem Eis?"
Fee sieht, wie sich Ur-Hugos Lippen bewegen, während Veronika zu Boden schaut.
„Warum nicht?!", sagt Fee und folgt Hannes in die Küche.
„Wir haben Amarena und Cookie-Schoko und Stracciatella", sagt Hannes, der vor der geöffneten Kühltruhe steht. „Und da ist noch Fürst Pückler, Zitrone, Orange und Karamell-Vanille. Was willst du?"

„Geht von allem etwas?", fragt Fee.
„Klar, nimm mal."
Hannes reicht Fee eine Eispackung nach der anderen aus der Kühltruhe und nimmt selbst noch ein paar weitere Packungen dazu. Gemeinsam tragen sie alles zum Wohnzimmertisch.
„Hier sind Löffel", sagt Hannes und nimmt die Deckel ab.
„Wie jetzt?" Fee sieht Hannes fragend an. „Sollen wir aus der Packung essen?"
„Klar", sagt Hannes und fährt mit seinem Löffel durch die erste Eisschachtel. „Cookie-Schoko mag ich am liebsten. Da sind richtige Keksstücke drin."
„Ich mag Amarena", erklärt Fee und bohrt ihren Löffel in die gefrorene Masse. Dabei erwischt sie eine kandierte Kirsche.
„Fürst Pückler ist auch gut."
„So wie Stracciatella mit Amarena. Probier mal!" Fee hält Hannes ihren Löffel hin.
„Mmh, stimmt", sagt Hannes. „Und jetzt du."
Er kratzt ein Stück Zitronen-Sorbet und ein kleines Stück Orange auf den Löffel und reicht ihn Fee.
„Das ist sauer!", sagt sie. „Kann ich noch einen haben?"
Hannes sagt: „Klar", und Fee sieht sich im Wohnzimmer um. Es kommt ihr so vor, als wäre die Zeit hier stehen geblieben. Auf den Blättern der Pflanzen liegt Staub und überall stehen Dinge, die irgendwie unbenutzt wirken.
Fee wartet auf den Eislöffel, und weil der nicht kommt, sieht sie Hannes an, der wieder Tränen in den Augen hat.
Sie weiß nicht was sie sagen soll und starrt auf die geöffneten Eispackungen.
Schließlich sagt Hannes: „Wenn das mit den Kröten raus-

kommt und Anton wieder in die Klinik muss, kommt unsere Mutter nie zurück."

„Ist deine Mutter wegen Anton gegangen?"

Hannes wischt sich die Tränen aus dem Gesicht und sagt: „Weiß ich nicht. Aber seit Anton zum ersten Mal in die Klinik musste, hat sie nicht mehr angerufen."

„Dein Ernst?!" Fee hält sich die Hand vor den Mund.

13

„Ich kann Anton nicht finden", sagt Dirk. Er steht im Wohnzimmer und blickt auf die Eisschachteln, deren Inhalt zum Teil schon geschmolzen ist.

„Ich bin durchs ganze Mühlbachtal gefahren, und auch bei Opas Hütte war ich. Hast du wirklich keine Idee, wo dein Bruder sein könnte?"

Hannes sagt: „Nein."

„Vielleicht ist er bei uns im Taubenschlag?", sagt Fee.

Dirk verdreht die Augen und sagt: „Um Himmels willen!"

Wenig später fahren sie durch den Wald. Dirks Fahrradlicht sticht ins Dunkel, und Hannes fährt knapp hinter seinem Vater. Fee sitzt hinter ihm und hält sich am Sattel fest.

Als sie den Taubenschlag erreichen, sieht Fee die Lichterketten in der Birke und das lodernde Feuer im Fass. Olga, Finn und die anderen sitzen um den Tisch. Bente spielt auf einer Handpan, während Keto und Juli mit Hugo neben der Scheune stehen und Feuer spucken.

„Peace, Love and Harmony", sagt Dirk verächtlich und stellt sein E-Bike in der Einfahrt ab.

Er geht auf das Feuer zu, und Ernie hebt die Hand und ruft: „Willkommen in der Hölle, alter Mann!"

„Ja, ja, schon gut", sagt Dirk.
Fee läuft zu Zerberus, der unter der Birke liegt. Als er sie erkennt, jault er freudig auf und schleckt ihre Hand.
„Das ist allerdings ekelig", kichert Fee und wischt ihre Hand an Zerberus' Fell ab.
„Ich suche meinen Sohn", sagt Dirk ohne Umschweife. Dabei sieht er sich im Taubenschlag um.
Paula steht auf.
Sie sagt mit kalter Stimme: „Warum sollte dein Sohn hier sein?"
„Das weiß ich nicht", antwortet Dirk. „Aber er ist weg und ich habe ihn schon überall gesucht."
„Du meinst, er ist vor dir fortgelaufen?", fragt Paula.
„Ich habe gefragt, ob mein Sohn hier ist, mehr nicht."
„Unser Hund war auch weg", sagt Paula. „Irgendwer hat ihn an einen Baum gebunden. Du kennst doch unseren Hund?"
Ernie stellt sich neben Paula und berührt ihren Arm.
Doch Paula macht einen Schritt auf Dirk zu.
„Hast du eine Idee, wer das war?", fragt sie. „Ich meine, wer Hunde mit einem Messer töten will, der kennt vielleicht auch jemanden, der einen Hund im Wald an einen Baum bindet."
Da dreht sich Dirk um und geht mit großen Schritten zu seinem Rad.
Er ruft: „Kommst du, Hannes, dein Bruder ist nicht hier."
Hannes folgt seinem Vater. Dabei sieht er sich noch einmal zu Fee um.
„Sehen wir uns morgen?", fragt er.
Fee ist mit wenigen Schritten bei Hannes und sagt: „Schreibst du mir, wenn Anton wieder da ist?"
„Klar", sagt er. „Gib mir mal deine Nummer."

Fee diktiert ihm ihre Handynummer und Hannes ruft sie kurz an, damit auch sie seine Nummer hat. Dann geht er zu seinem Rad und verschwindet mit Dirk im dunklen Wald.

„Wo immer sich Anton versteckt, hier ist er nicht", sagt Finn, nachdem er mit Ernie noch einmal überall nach Anton gesucht hat.
„Habt ihr auch im Hühnerstall nachgesehen?", fragt Paula.
„Da als Erstes", sagt Ernie und lässt sich auf die Bank plumpsen.
„Und zwischen deinem Gerümpel in der Scheune?", hakt Paula nach.
„Wenn du meine Konstruktionen meinst", sagt Finn, „dann lautet die Antwort: Auch da war er nicht. Und bevor du weiterfragst: Wir haben auch unter die Bühnen geschaut und sind zum Floß gegangen. Überall Fehlanzeige."
„Aber wo kann er denn sein?", fragt Olga.
„Ich gehe mal davon aus, dass er wieder zurückkommt", vermutet Ernie. „So wie jedes Mal."
„Wenn ich diesen Mistkerl als Vater hätte, würde ich auch abhauen", zischt Paula.
„Warum ist Dirk denn so schlimm?", fragt Fee.
Paula richtet sich auf und sieht Olga an. Die nickt kurz, und dann erklärt Paula: „Wir haben unsere Erfahrungen mit diesem Typen gemacht. Am liebsten würde ich das komplett vergessen. Aber das geht leider nicht."
Paula sieht eine Weile in die Flammen.
Schließlich sagt sie: „Dirk hat Zerberus ... also, er hat ihm damals echt wehgetan."
Olga legt ihren Arm um Fee.
„Warum hat er Zerberus denn wehgetan?", fragt Hugo.

„Das ist eine traurige Geschichte", sagt Finn und zieht Hugo an sich. „Unser Zerberus ist damals zu Freunden in die Neubausiedlung gelaufen. Das hat er manchmal gemacht, weil er dort immer ein Leckerli bekommen hat. Und irgendwie ist er in den Garten dieses Typen geraten und hat ein Bad in seinem Teich genommen. Zugegeben, nicht die feine Art. Aber es war ziemlich heiß an dem Tag. Und dann hat der ihn ... also, dann hat Dirk ihm halt wehgetan."
„Aber Zerberus konnte in seiner Panik zum Glück noch wegrennen", spricht Paula weiter. „Unser Teddy war damals noch richtig schnell. Doch am Mühlbach ist er dann zusammengebrochen. Der Tierarzt konnte ihm das Leben retten. Das war echt knapp."
„Das hat *Dirk* gemacht?", fragt Fee.
„Ja, hat er", antwortet Paula.
Fee sieht eine Weile ins Feuer.
Schließlich hebt sie ihren Kopf und sagt: „Anton war das mit den Kröten. Und wenn sein Vater das erfährt, muss er in eine Klinik. Jetzt hat Hannes Angst, dass seine Mutter nicht mehr zurückkommt."
Alle sehen Fee an. Sie erkennt in den Gesichtern Entsetzen. Anscheinend müssen sie erst einmal halbwegs verdauen, was Fee da gerade gesagt hat.
Es ist Finn, der als Erster wieder spricht.
Er sagt: „Das ist so gruselig."
„Ja", sagt Paula.
Sie beugt sich über den Tisch und nimmt Fees Hand.
Und Fee spürt, wie sich in ihrem Bauch etwas verdreht. Ihr wird richtig schlecht davon.
Da nimmt Olga Fee in den Arm und sagt: „Gut, dass du das erzählt hast."

„Mein Mädchen!", ruft Zoran, als Fee ihn anruft. Sie liegt im Bett neben Hugo, der bereits schläft. „Das ist ja schön! Die Hebamme ist jetzt hier. Oh Mann, es geht los!"
Fee sagt: „Echt jetzt?"
Zoran lacht. „Ich bin so aufgeregt. Aber – hey! – was rede ich?! Nica muss das jetzt machen. Und die ist total entspannt!"
Fee sieht ihren Vater durch das kleine Wohnzimmer laufen. Eine Frau geht an ihm vorbei und grüßt lächelnd ins Display.
„Das ist Vinja. Die denkt auch schon, ich hätte einen Knall. Aber soll die doch mal selber Zwillinge bekommen."
„Du bekommst die Zwillinge doch gar nicht", sagt Fee.
„Stimmt. Aber sag mal, ist Ur-Hugo noch weg?"
„Nö, der ist wieder da. Und wir haben seine Sinfonie gehört."
„Ist die gut?"
Fee sagt: „Keine Ahnung. Es sind nur Geräusche. Aber wenn man die hört, sieht man irgendwas. Das war ganz komisch."
Zoran schaut in das angrenzende Schlafzimmer. „Also hier tut sich noch gar nichts. Aber sprich mal weiter. Ich bin ja so aufgeregt!"
„Das war komisch mit der Sinfonie", berichtet Fee. „Ich hab beim Hören der Geräusche irgendwelche Sachen gesehen."
„Was für Sachen denn?", fragt Zoran.
„Da waren zwei Männer, die sich geküsst haben. Und eine Frau, die mit einem Mann in ein Haus gegangen ist. Und dann war irgendwann ein Baby da, das immer älter wurde und dann fortgelaufen ist. Also, nicht als Baby, sondern das Baby als erwachsene Frau."

Da bleibt Zoran stehen und sieht zum ersten Mal ruhig in die Kamera.
„*Das* hast du beim Hören gesehen? Wie schräg."
Zoran fährt sich durch die Locken.
„Okay, mein Mädchen", sagt er. „Das ist schon alles ziemlich merkwürdig, würde ich sagen. Aber ... Moment mal!" Zoran sieht zur Seite und winkt der Hebamme zu, die Fee nicht sehen kann.
„Ich muss zu Nica!", sagt er. „Es geht jetzt los!"
„Warte mal", ruft Fee. „Ich will dir noch was sagen."
Aber da ist Zoran schon weg.
Und Fee steht allein in ihrem Zimmer und starrt auf ihr Handy und spürt ihre Gedanken an die getöteten Kröten wie einen kribbelnden Schwarm Mücken auf der Haut.

In der Nacht wird Fee von einem Albtraum wach. Neben ihr liegt Hugo und schnarcht leise. Fee steht auf und geht mit ihrer Decke auf dem Kopf nach nebenan.
Finn schreckt hoch und kichert: „Hey, großes Zoran-Mädchen, spielst du Gespenst?"
„Rutsch mal", sagt Fee. „Ich kann nicht schlafen."
Olga fragt mit belegter Stimme: „Was ist los, Süße?"
„Ich hab geträumt", sagt Fee.
„Wovon denn?"
„Von den toten Kröten."
„Komm mal her." Olga macht Fee Platz. „War es sehr schlimm?"
„Ja. Ich hab geträumt, wie Anton die Kröten aufgespießt hat. Dabei hat er ganz gruselig gelacht. Und Hannes stand daneben und hat geweint, weil sein Vater Zerberus erstochen hat."

„Wie schrecklich", stöhnt Olga. „Willst du bei uns bleiben?"
„Ja."
„Hast du noch Angst?"
„Weiß nicht."
Olga deckt Fee zu und nimmt sie in den Arm.

Später flüstert Olga: „Was können wir nur tun? Der Junge braucht doch Hilfe. Ihn einfach in eine Klinik zu bringen, das ist doch herzlos."
„Wir kümmern uns ja schon um ihn", antwortet Finn. „Seit die Mutter weg ist, kommen die Jungs täglich in den Taubenschlag. Aber das reicht natürlich nicht. Der Kleine hat richtige Probleme. Welches Kind tötet schon zwei Dutzend Kröten?!"
„Und der Vater weiß nicht einmal, dass seine Söhne immer zu euch kommen?"
„Das sollte er auch nicht. Oder glaubst du, der würde es ihnen erlauben, hier zu sein?"
„Bestimmt nicht", sagt Olga. „Aber für wen sind dann die Eier, die sie immer kaufen? Für ihren Vater wohl kaum."
„Die sind für Veronika", verrät Finn. „Deine Mutter backt ständig Kuchen für die Jungs. Hier im Mühlbachtal gibt es zum Glück auch Menschen, die einander helfen."
„Aber nicht, wenn es um Hunde geht", sagt Olga ernst.
„Das stimmt. Dieser Typ hat damals richtig Stimmung gegen uns gemacht, obwohl *er* Zerberus beinahe getötet hätte. Die ganze Neubausiedlung war gegen uns. Als wären wir Aussätzige."
„In meiner Kindheit war es hier auch schon krass", sagt Olga. „Es wurden immer wieder Sprüche über die Verrückten im Schleiferkotten gemacht. Es hieß, Hugo, Franziska

und Karl hätten eine Dreiecksbeziehung. Und dann auch noch Hannes' Opa, der ständig bei ihnen war und gemalt hat. Kannst du dir das vorstellen? Als ich dann mit einem Baby bei ihnen einzog, wurde erst recht gelästert."

„Daran kann ich mich noch gut erinnern", sagt Finn. „Aber sag mal, dein Opa, Hugo, der war doch wirklich etwas seltsam, oder? Ich fand ihn ja immer cool. Aber die Leute ... also, die konnten echt nichts mit ihm anfangen."

„Klar", sagt Olga. „Wer setzt sich schon mittags auf den Marktplatz und zwitschert wie ein Vogel?"

„Genau!", ruft Finn etwas zu laut.

Olga sieht auf Fee, die die Augen geschlossen hat.

„Und kannst du dich auch an das Weihnachtskonzert erinnern?", flüstert Olga.

„Du meinst die Aktion, als Hugo mit einem Leierkasten durch die Stadt zog, aus dem nur Furzgeräusche kamen?"

„Ja, oder die Krachmacherprojekte in den Schulen?", erinnert sich Olga. „Ich weiß noch ganz genau, als er damit bei uns war. Die Aula war voller Kinder, die eine halbe Stunde lang Krach machen sollten. Und verkauft hat er es als Befreiung der künstlerischen Seele."

„Ich sag ja, Hugo war schräg." Finn lacht leise.

„Es gibt so viele Geschichten über ihn", sagt Olga. „Und ich dachte damals immer, dass die Leute einen an der Waffel haben und nicht Hugo."

„Stimmt ja auch", sagt Finn. „Und die Neubauis können uns noch immer nicht leiden. Ich hab da schon so oft drüber nachgedacht. Ist es wirklich nur wegen Dirk?"

„Nein, das ist, weil ihr frei seid", sagt Olga „Ihr macht, was ihr wollt. Das können sie nicht ertragen. Dafür haben sie nicht genug Platz in ihren Reihenhausköpfen."

„Und in einem dieser Reihenhäuser wohnt deine Mutter", sagt Finn.

„Das verstehe ich allerdings auch nicht", entgegnet Olga und sieht unter die Zimmerdecke mit den Holzbalken, als könne sie dort die Antwort ablesen, warum Veronika in der Neubausiedlung wohnt. Und ausgerechnet auch noch neben Dirk. Dann sagt sie: „Ich kann es *doch* verstehen. Meine Mutter wurde ihr Leben lang dafür gehänselt, dass sie in dem alten Kotten ohne Toilette und Heizung aufwuchs. Ich glaube, da will man später genau das Gegenteil haben."

„Ist das auch bei Anton so?", überlegt Finn. „Will der vielleicht auch genau das Gegenteil von dem, was er den Kröten angetan hat? Sucht Anton vielleicht jemanden, der ihn liebt?"

„Das ist mir zu kompliziert", sagt Olga. „Meinst du wirklich, ein Kind tötet Tiere, weil es will, dass man gut zu ihm ist?"

„War ja auch nur eine Idee", sagt Finn.

Und dann schweigen die zwei, und Fee, die die ganze Zeit zugehört hat, wartet darauf, dass ihre Mutter und Finn weiter über das Mühlbachtal sprechen.

Doch schon nach wenigen Sekunden hört sie die beiden gleichmäßig atmen. Und dann spürt Fee, wie auch sie müde wird. Das Letzte, an das sie denkt, sind die vielen Eisschachteln auf dem Tisch in Hannes' Wohnzimmer.

14

Den nächsten Morgen vertrödeln sie im Taubenschlag. Es ist warm und Hugo schippert seit zwei Stunden auf dem Wasserfloß. Finn schraubt die Kanäle für die Verkabelung an die Wasserbühne, und Bente, Daniel und Jim zimmern die letzten Querbalken für das Geländer an der großen Bühne.
„Sollen wir im Mühlbach schwimmen gehen?", fragt Olga beim Frühstück.
„Warum nicht?!", sagt Fee und beißt in ihr Schokocroissant.
Sie sitzen in der Küche. Olga hat die Haare hochgesteckt und nippt an ihrem Kaffee.
„Wie viel Uhr ist es denn?", fragt Fee.
„Vier Stunden nach dem ersten Hahnenschrei!", ruft Paula aus dem Garten.
„Und zwei Stunden bis Mittag", kommt es aus dem Flur, wo Ernie gerade die Haustür ölt.
„Es ist also zehn Uhr", erklärt Olga.
„Dann hätte ich jetzt Bio", verkündet Fee. „Und danach Kunst."
„Und du hast ein Natur-Schwimmbad direkt hinterm Haus", sagt Olga.
„Und nach der zweiten Pause habe ich Sport", spricht Fee weiter.
Olga dreht eine Haarsträhne um ihren Finger und sieht nach draußen, wo Paula ein paar welke Blätter aus dem Oleander zupft.
„Gibt es was Neues von Nica?", fragt Olga.
„Weiß ich nicht", sagt Fee und sieht auf ihr Handy. Seit gestern Abend hat sie nichts mehr von Zoran gehört.
Im selben Moment ruft Ernie: „Ja, hallo! Wen haben wir denn da? Welch seltener Besuch!"

„Guten Morgen", sagt Veronika. „Entschuldigt, dass ich so reinplatze, aber wir haben Anton gefunden."
Fee und Olga springen fast gleichzeitig von der Bank auf und stürzen in den Flur.
„Was sagst du?", ruft Olga. „Anton ist wieder da?"
Veronika lächelt traurig. Und Fee schiebt sich an Olga vorbei zu ihrer Oma.
„Wo war er denn?", fragt sie.
„Wir haben Anton gestern Nacht in der Höhle entdeckt", sagt Veronika. „Er ist jetzt im Krankenhaus. Wie es aussieht, hat er keine größeren Verletzungen. Aber er ist sehr schwach, weil er so viele Stunden nichts getrunken hatte."
„Wie habt ihr ihn denn gefunden?", fragt Ernie.
„Hugo hat mich darauf gebracht", sagt Veronika. „Er war ja gestern Abend bei mir." Sie wirft Olga einen kurzen Seitenblick zu. „Wir haben über seine Sinfonie gesprochen. Hugo erzählte, dass er zum Ende hin das Winseln von Zerberus mit seinem Mikrofon aufgenommen hatte, weil das wie Kinderweinen geklungen habe. Ja, und als dann später Dirk zu mir kam und mir von Antons Verschwinden erzählte, kam ich auf die Idee, dass es vielleicht wirklich ein weinendes Kind gewesen ist, das Hugo mit seinem Mikrofon aufgenommen hatte."
„Das stimmt!", sagt Olga. „Ich dachte auch sofort, dass es ein Kind wäre."
„Aber warum hat Hugo denn nichts gemacht, als er Zerberus bei der Höhle gefunden hat?", fragt Ernie.
„Naja", sagt Veronika. „Ich erkläre es mir so, dass Hugo einfach schwerhörig ist. Mit den Kopfhörern hört er noch gut. Aber ohne Verstärkung hat er Antons Weinen nicht mehr wahrgenommen."

„Und wie ist Anton da reingefallen?", fragt Fee.
„Das habe ich erst heute Morgen erfahren", antwortet Veronika. „Deshalb bin ich auch sofort zu euch gekommen. Gestern Abend stand er noch unter Schock und hat kein Wort gesagt. Und dann hat Dirk den Kleinen auch noch so unter Druck gesetzt, dass letztlich gar nichts mehr ging."
Veronika sieht zu Paula, die jetzt auch in dem kleinen Flur steht.
„Ich bin bei ihm im Krankenhaus geblieben, was auch gut war. Der Junge war so fertig und hat fast die ganze Zeit geweint. Erst nach Stunden hat er mir erzählt, dass er sich Zerberus nur einmal kurz ausleihen wollte. Und er hat mir auch erzählt, was er mit den Kröten gemacht hat. Ihr wisst davon?"
Fee sagt: „Ja, das hat Hannes mir erzählt. Aber weiß Dirk das jetzt auch?"
„Ich glaube nicht", sagt Veronika. „Aber er wird es wohl bald erfahren."
„Und wie ist Anton nun in die Höhle gefallen?", hakt Ernie nach.
Veronika sagt: „Anton musste mal Pipi machen und hat Zerberus neben der Höhle an einen Baum gebunden. Und da ist er dann in die Tiefe gestürzt."
„Aber wieso hat dieser Junge unseren Zerberus entführt?", fragt Paula.
Veronika scheint zu überlegen.
Schließlich sagt sie: „Er hat wohl Trost gesucht. So ein großer, lieber Hund tut einem Kind ja gut."
„Und wo ist Hannes jetzt?", fragt Fee.
„Der ist noch bei Anton im Krankenhaus", antwortet Veronika. „Ich soll dir aber sagen, dass er dich später anruft."

Fee nickt stumm.
Und dann sagt Veronika noch: „Olga, ich muss mal mit dir reden. Hast du gerade etwas Zeit?"
„Um was geht es denn?", fragt Olga überrascht.
„Das würde ich dir gerne unter vier Augen sagen."
„Hat es mit Hugo zu tun?"
„Ja, auch."
Olga nickt wie eine mechanische Puppe.
Und dann haucht sie: „Kann er mir das nicht selber sagen? Schließlich sind wir deswegen hier."
„Nein", antwortet Veronika. „Es geht dabei um dich und mich."

15

„Hallo, großes Zoran-Mädchen", ruft Finn, als Fee sich gerade auf die Bank unter der Birke gesetzt hat.
Fee sagt: „Hallo", und streckt die Arme aus, um Hugo aufzufangen, der ihr entgegenstürmt.
Olga und Veronika sind in den Wald gegangen, und Fee hat versucht, Zoran zu erreichen. Am liebsten wäre sie jetzt bei ihm. Dass er sich noch nicht gemeldet hat, nervt sie.
„Siehst du die Bänder da?", fragt Finn ohne Umschweife und setzt sich neben Fee. Dabei wippt sein Bein im Stakkato.
„Sind wohl kaum zu übersehen", sagt Fee.
„Das ist ein Kunstwerk von deinem Vater. Er hat es begonnen, als wir den Taubenschlag gekauft haben. Die Bänder stellen die Menschen dar, die hier mit uns gelebt haben."
„So viele waren hier?", fragt Hugo.
„Es waren schon eine ganze Menge Leute, die hier gelebt haben. Manche waren nur ganz kurz hier und andere länger."
„Und jeder hat ein Band bekommen?", fragt Fee.

„Das sind so dreihundert", erklärt Finn. „Und es werden immer mehr. Und siehst du das Band da ganz oben?"
„Das weiße?"
„Mittlerweile ist es weiß. Aber damals war es noch gelb. Das hat deine Mutter für deinen Vater in den Baum gehängt, als er sie verlassen hat."
„Bekommen wir auch eins?", fragt Hugo.
„Noch nicht", sagt Finn.
„Warum?" Hugo sieht Finn fragend an.
„Weil wir noch hier sind", antwortet Fee.
Und dann sieht sie Finn direkt an und fragt: „Will Mama in den Taubenschlag zurück?"
Finns Bein steht plötzlich still. Er legt den Kopf in den Nacken und sagt: „Als Olga damals ging, habe ich das rote Band neben das Band von deinem Vater gehängt. Ich würde beide Bänder gerne wieder herausschneiden."
Fee betrachtet das rote Band ihrer Mutter und das weiße von Zoran, dessen Enden ausgefranst sind.
„Haben Papa und du richtig Streit?", fragt Fee.
Da faltet Finn seine Hände wie zum Gebet.
Nach einer ganzen Weile sagt er: „Zoran wird immer mein Freund bleiben, egal, was war und egal, was kommt. Ich warte jeden Tag darauf, dass wir uns wieder sehen. Und was Olga betrifft ..."
Finn holt tief Luft.
„Ich habe eure Mutter gefragt, ob sie mit euch in den Taubenschlag ziehen will. Sie hat mir aber noch keine Antwort gegeben."
Da sagt Fee: „Aha", und spürt ihr Handy in der Hose vibrieren.

„Hallo", sagt Fee.
Hannes sagt auch: „Hallo."
Sie schweigen eine Weile.
Und dann sagt Hannes: „Kann ich vorbeikommen?"
„Klar", antwortet Fee.
„Bist du sauer auf mich?"
„Nein."
„Aber auf Anton, oder?"
„Nein, auch nicht."
„Aber ... du bist so komisch."
„Findest du?"
„Ja."
Nach einer Weile sagt Hannes dann: „Ich komme später vorbei."
Und Fee sagt: „Okay", und unterbricht die Verbindung.

16

Als Finn und Hugo gegangen sind, sitzt Fee noch immer unter der Birke. Der warme Frühlingstag kriecht wie eine Schnecke vorüber und Fee weiß nicht, was sie eigentlich machen will. Das Wasserfloß reizt sie nicht, genauso wenig die Bettschaukel. Und mit Paula die Hühner füttern oder mit Ernie das Fachwerkhaus reparieren, will sie auch nicht. Am ehesten würde sie noch bei Keto und Juli vorbeischauen. Aber die beiden sind bis zum Abend bei einem Seminar für Steindruck.
Also bleibt Fee auf der Bank sitzen und beobachtet Zerberus, der im Schatten neben der Scheune liegt. Seit gestern schläft er fast nur noch.
„Warum machst du das?", ruft Fee. „Immer nur rumliegen und pennen ist doch öde."

Zerberus entlässt ein leises Brummen und sieht Fee kurz an, ehe er weiterdöst.
Fee betrachtet wieder die flatternden Bänder und versucht sich die vielen Menschen vorzustellen, die hier in den letzten Jahren gelebt haben. Doch wie soll sie sich Menschen vorstellen, die ihr unbekannt sind? Das geht einfach nicht.
Und dann erinnert sie sich an die aufgespießten Kröten.
Sie denkt auch an Hannes und Anton, die mit Dirk in dem Haus neben ihrer Oma wohnen und einen überglasten Teich haben, der die teuren Kois vor Dieben schützen soll.
„Oder vor Anton", flüstert Fee und denkt an Hannes, der sich nichts sehnlicher wünscht, als dass seine Mutter zurückkommt.
Schließlich steht Fee auf, und ihr scheint, als würden ihre Beine von allein laufen. Sie geht über den Hof und unter dem Schild hindurch bis zu dem Weg, den sie gleich wieder verlässt, um den Wald zu betreten. Mit jedem Schritt verdichtet sich das Gefühl, als wäre sie zu etwas unterwegs, das auf sie wartet. Bis sie schließlich den Krötenteich erreicht, an dessen Ufer Olga und Veronika stehen.

17

Olga: „Warum hast du das nie gesagt?"
Veronika: „Ich habe mich nicht getraut."
Olga: „Aber das hätte so vieles leichter gemacht."
Veronika: „Ich weiß, Liebes. In den ersten Jahren wollte ich es dir immer sagen und habe es dennoch nicht getan. Und später, als sich die Fronten zwischen der Neubausiedlung und hier verhärtet hatten, beschloss ich, es für mich zu behalten. Aber so ein Geheimnis bleibt. Und das Schlimmste ist, es wird mit jedem Tag größer."

Olga: „Weiß Dirk es auch?"
Veronika: „Er hat es immer gewusst."
Olga: „Und hat er mich nicht gewollt?"
Veronika: „Doch schon. Aber ich wollte *ihn* nicht. Und dann hat er seine Frau kennengelernt, und als dann Hannes und später Anton geboren wurden, haben wir beide nicht mehr miteinander gesprochen."
Olga: „Aber ... warum wohnst du jetzt neben ihm?"
Veronika: „Weil er mir das Haus günstig verkauft hat. Und ... ach, Liebes, die Sache ist längst ausgestanden. Wir sind heute wieder befreundet."
Olga: „Das ist so schräg. Dann sind Hannes und Anton meine Halbbrüder ..."

18

Fee springt aus ihrem Versteck hervor.
Sie schreit: „*Was* ist los?!"
Veronika zuckt zusammen, und Olga wirbelt herum. Die beiden starren Fee an, als wäre sie ein Geist.
Veronika ist die Erste, die sich wieder fängt.
Sie sagt: „Fee! Was machst *du* denn hier?"
„Worüber habt ihr gerade gesprochen?", ruft Fee und sieht die Tränen in den Augen ihrer Mutter. Und auch Veronika hat feuchte Augen.
„Ich habe deiner Mama etwas Wichtiges erzählt", sagt Veronika.
„Los, sagt schon, was?!" Fee spürt, wie ihr ganz schlecht wird vor Aufregung. Vom Kribbeln auf der Haut mal ganz zu schweigen.
Und dann sagt Olga stockend: „Ich habe gerade erfahren, dass Dirk mein Vater ist."

Fee reißt die Augen auf.

„Dirk ist Olgas Vater", sagt nun Veronika. „Und das bedeutet, dass er zugleich dein Opa ist. Und Hannes und Anton sind somit deine Halbonkel."

Fees Augen huschen zwischen Olga und Veronika hin und her. Sie versucht zu verstehen, was sie gerade gehört hat. Dabei wird das Kribbeln auf ihrer Haut immer stärker und wandert langsam von den Fingerspitzen und den Zehen zu ihrer Körpermitte. Wie eine Armee aus Ameisen, die über ihre Arme und Beine krabbelt, um schließlich in ihrem Bauch zu einem kitzeligen Ball zu werden.

„Hannes. Ist. Mein. *Onkel*?", fragt Fee.

„Halbonkel", verbessert Veronika.

Fees Blicke huschen noch immer hin und her, und als sie den kitzeligen Ball in ihrem Bauch kaum noch erträgt, entlässt sie ihn mit einem Prusten.

Olga und Veronika sehen Fee irritiert an.

Die hält sich die Hand vor den Mund und versucht, den nächsten Kribbelball zurückzudrängen. Aber er schiebt sich unaufhaltsam durch ihren Körper nach oben und ist einfach nicht zu stoppen.

Und dann platzt ein Lachen aus Fee, wie es die Welt noch nicht gehört hat. Und dieses Lachen ist so hemmungslos und laut, dass Veronika und Olga nur verdattert schauen können.

„Wie verrückt ist das denn?!", ruft Fee atemlos. „Das muss ich Papa erzählen, wenn wir in Holland sind."

Doch da lässt sie ein Gedanke mit einem Schlag verstummen.

Fees Blick heftet sich auf Olga.

„Papa *ist* doch mein Papa, oder?"

„Keine Sorge, Süße. Zoran ist *definitiv* dein Papa."

Olga nimmt Fee in den Arm, und der nächste Kitzelball

springt nach oben. Er ist jetzt so groß, dass sich Fee den Bauch vor Lachen hält, so erleichtern sie Olgas Worte.

Veronika zuckt mit den Schultern, und auch Olga ist etwas ratlos über Fees Lachanfall.

Schließlich sagt Veronika: „Was haltet ihr von einem Stück Kuchen? Ich hätte einen Apfelkuchen im Angebot. Natürlich mit den guten Bio-Eiern aus dem Taubenschlag."

„Warum nicht?!", sagt Fee schnell, bevor der nächste Ball nach draußen schießt.

19

„Sahne hab ich leider keine mehr", sagt Veronika. „Aber Vanilleeis schmeckt zum Apfelkuchen auch gut."

„Ich nehme nur Eis", entscheidet Fee.

Veronika geht in die Küche, um das Eis zu holen.

„Dann können wir ja jetzt nach Holland fahren", sagt Fee.

„Ich muss erst mal verdauen, was ich gerade gehört habe", erwidert Olga.

„Und wann hast du das verdaut? Ich hab nämlich am Montag wieder Schule."

„Ich weiß", sagt Olga und rollt ihre Augen. Dann sieht sie Fee entschuldigend an.

„Also?", drängt Fee.

„Ich weiß es nicht."

„Wie viele Kugeln willst du denn?", fragt Veronika, als sie zurückkommt.

„Eine", sagt Fee, und Veronika schält mit dem Eisportionierer eine üppige Kugel aus der Schachtel.

„Und du?", fragt Veronika.

„Ich? Äh ... nichts", antwortet Olga. „Worüber hast du mit Hugo denn noch gesprochen?"

Veronika sieht Olga fragend an.

„Aber, das habe ich dir doch vorhin gesagt. Er hat mir von seiner Sinfonie erzählt, und dann hat er mich gedrängt, dass ich dir endlich sagen soll, wer dein Vater ist."

„Sonst nichts?", fragt Olga.

„Nein, wirklich nicht", antwortet Veronika und schiebt ein Stück Kuchen auf ihren Teller.

„Ist doch auch egal", sagt Fee. „Ich will jetzt endlich nach Holland."

„Ich weiß nicht", sagt Olga. „Irgendwie habe ich das Gefühl, da ist noch mehr."

„Um Himmels willen", stöhnt Veronika. „Was soll denn noch sein?"

Da denkt Fee erneut an die *Sinfonie vom Mühlbachtal* und an die beiden Männer, die sich geküsst haben, und auch an die Frau, die mit einem anderen Mann in ein Haus gegangen ist. Und sie denkt an das Baby, das später als wütende Frau fortgelaufen ist.

20

Gegen Mittag sind Fee und Olga zurück im Taubenschlag.

„Und jetzt gehen wir schwimmen", entscheidet Olga und läuft durch den Garten zum Mühlbach.

„Ich hab aber keinen Badeanzug", sagt Fee.

„Brauchen wir nicht!", entgegnet Olga und zieht sich im Laufen das Shirt über den Kopf.

Fee folgt ihr zögerlich, und als Olga an einer seichten Stelle ins Wasser geht, zieht sich Fee schnell aus.

„Ist das kalt!", ruft Olga und lässt sich in den sprudelnden Mühlbach sinken.

Fee taucht schnell ins kalte Wasser. Sie spürt den sandigen

Grund des Mühlbachs unter ihren Füßen und hört das Wasser als dumpfes Rauschen in den Ohren.

Im gleichen Moment erscheint Olga neben ihr. Sie hat die Augen weit aufgerissen und streckt ihre Hände aus. Fee greift danach, und so treiben sie eine Weile im Mühlbach, bis sie keine Luft mehr haben und wieder auftauchen.

„Das ist so schön!", ruft Olga begeistert. „Das könnte ich jeden Tag machen." Sie springt wie ein Fisch in die Luft und fällt zurück ins Wasser.

Fees Kopf treibt wie eine Boje über den Wellen.

„Und jetzt ein Sonnenbad", schreit Olga und springt aus dem Mühlbach.

Als Fee sicher ist, dass niemand in der Nähe ist, paddelt sie zum Ufer und krabbelt ins warme Gras. Sie legt sich neben ihre Mutter und blinzelt gegen die Sonne.

„Das haben wir früher jeden Tag gemacht", sagt Olga.

„Hab ich vergessen", erwidert Fee.

Und dann liegen die beiden in der Sonne und Fee spürt die Wärme wie ein Tuch auf ihrem nackten Körper. Sie hat die Augen geschlossen und atmet ruhig ein und aus. Ab und zu rollt ein Wassertropfen aus ihren Haaren an den Schultern herab in den Nacken.

Da klingelt ihr Handy.

„Es sind zwei Mädchen!", sagt Zoran.

Fee sieht ihren Vater neben Nica am Bett sitzen.

„Halt mal etwas höher", bittet Olga und zieht die Beine an ihren Oberkörper.

„Ich bin müde", sagt Nica leise.

„Du hast ja auch die doppelte Arbeit gehabt", sagt Olga.

„Sind die beiden nicht schön!?" Zoran hält das Handy über

das kleine Bettchen neben Nica, in dem die Zwillinge schlafen.
„Die haben ja schon Haare", wundert sich Fee.
„Die haben sie von mir!", sagt Zoran stolz.
„Ich freu mich so für euch!" Olga sieht lächelnd ins Handy und Fee erkennt, dass ihre Mutter Tränen in den Augen hat.
„Wann kommt ihr denn?", fragt Zoran.
„Morgen!", sagt Fee.
„Nix da!", erwidert Olga lachend und wischt sich die Tränen fort.

Zurück ins Sommerquartier

1

Am Abend geht Fee früh schlafen und am nächsten Morgen steht sie mit dem ersten Licht des Tages auf und schleicht aus dem Zimmer, um Hugo nicht zu wecken. Dann sieht sie kurz in Olgas Schlafzimmer und tippelt leise in die Küche. Dort nimmt sie einen Apfel vom Küchentisch und verlässt das Haus.

Neben der Scheune steht ihr Rad. Als sie es in den Hof schiebt, hört sie jemanden „Guten Morgen!", sagen.

Fee dreht sich um.

Unter der Birke sitzt Ur-Hugo.

„Was machst *du* denn hier?", fragt Fee.

„Sitzen", sagt Ur-Hugo.

„Und warum?"

„Um nachzudenken."

„So früh?"

„Das ist die beste Zeit dafür. Und wo willst du hin?"

„Nach Holland."

„Mit dem Rad?"

„Ja, auch. Und mit dem Zug."

„Weiß deine Mutter, dass du nach Holland fährst?"

„Nö."

„Und willst du es ihr nicht sagen?"

Fee schüttelt den Kopf.

„Das ist typisch für euch", brummt Ur-Hugo. „Früher oder später haut ihr ab."

Fee sieht zu den Bändern. Das verblichene Band ihres Vaters flattert neben dem ihrer Mutter.

Da sagt Fee: „Mama will zurück ins Mühlbachtal."

„Ist das so?", fragt Ur-Hugo.
„Ich denke schon."
„Dann sehe ich sie ja demnächst häufiger. Und dich auch?"
„Weiß nicht."
„Doch, doch", widerspricht Ur-Hugo. „Denn so wie ihr abhaut, kommt ihr irgendwann auch wieder zurück."
„Wie die Kröten immer wieder in ihren Teich zurückkehren?", fragt Fee.
Da erhellt sich Ur-Hugos Blick und er lächelt.
„Genau so", sagt er und schiebt sich die Kappe in den Nacken.

Eine Stunde später ist Fee zu Hause und öffnet mit einem Messer ihre Spardose – einen Bären aus Metall – die sie vor vielen Jahren von Zoran geschenkt bekommen hat. Darin sind einige Geldscheine, die sie einsteckt.
Im Bahnhof kauft sie dafür ein Zugticket, und auf dem Bahnsteig läuft sie erst in die eine Richtung und dann in die andere Richtung, ehe sie den Waggon gefunden hat, in dem sie ihr Rad mitnehmen kann.
Als der Zug losgefahren ist, scannt ein Schaffner Fees Ticket. Drei Stunden später verlässt sie den Zug und atmet tief ein. Es riecht nach Meer.
Als Fee ihr Rad die Treppen hinunterträgt und das Bahnhofsgebäude verlässt, sieht sie plustrige Wolken über sich, die wie aufgeblasene Schafe am Himmel hängen. Da vibriert ihr Handy.
„Ich bin in Holland", sagt Fee. „Nein, das ist kein Witz."
Sie lässt Olgas Aufregung über sich ergehen.
Schließlich sagt sie: „Ich bin in einer halben Stunde bei Papa."

Fee fährt über einen schnurgeraden Fahrradweg an einem Wassergraben vorbei. Als der Weg einen Knick nach rechts macht, sieht Fee die erste Windmühle. Einige Reetdachhäuser stehen vereinzelt in der Landschaft, und dann biegt sie an der nächsten Windmühle auf ein Feld, an dessen Ende ein schmales Waldstück zu einer großen Düne führt.

Fee schließt ihr Rad an einen Pfosten und läuft durch den Sand hinauf. Und dann sieht sie das kleine weiße Haus am Strand und stolpert die Düne hinab. Denn Zoran tritt aus dem Haus. Er hält die beiden Babys im Arm und Fee befürchtet, dass er sie fallen lässt, so erstaunt und erschreckt und überrascht ist er bei ihrem Anblick.

Zoran schreit: „Endlich!"

Und Fee schreit zurück: „Jaaa!", und springt auf ihn zu.

„Die haben ja schon richtige Händchen", schwärmt Fee.

„Das sind ja auch schon richtige Menschen", sagt Zoran.

Nica liegt im Bett und ist ziemlich blass. Aber sie lächelt und sieht überglücklich aus.

„Und wie heißen sie?", fragt Fee.

„Willst du es sagen?" Zoran streichelt Nicas Arm.

Nica sagt: „Lotte und Isa."

„Und wie haltet ihr sie auseinander?", fragt Fee.

„Wir markieren sie", verrät Nica.

Fee sieht Zoran fragend an.

„Mit Bändern", erklärt Zoran. „Lotte trägt ein rotes Band und Isa ein gelbes."

Da sieht Fee ihren Vater an und muss lachen.

„Ich hab dein Band in der Birke gesehen", sagt sie.

Zoran lächelt.

Und dann sagt er: „Mein Mädchen, das wird deiner Mutter gar nicht gefallen, dass du einfach hierhergefahren bist."
„Ihr müsst sie anrufen", sagt Nica.
Zoran steht auf. „Ich rufe sie gleich mal an."
„Du willst Mama anrufen?", fragt Fee.
„Aber sicher", entgegnet Zoran und verlässt das kleine Schlafzimmer, um in das Wohnzimmer zu gehen, wo er mit Olga telefoniert.
Derweil sitzt Fee an Nicas Bett und sieht auf die wunderschönen Zwillinge und riecht die salzige Luft und hört das Meer und die kreischenden Möwen.

„Ich glaube, sie schlafen jetzt", sagt Fee, als sie das Wohnzimmer betritt.
„Und ich glaube, deine Mutter hat sich wieder einigermaßen beruhigt", sagt Zoran. Er legt seine Arme um Fee und hebt sie in die Höhe. „Das ist sooo schön, mein Mädchen. Jetzt sind wir komplett! Wie lange bleibst du denn?"
„Bis Sonntag. Am Montag hab ich wieder Schule. Aber jetzt hab ich Hunger."
„Dann komm mit." Zoran trägt Fee aus dem kleinen Haus an den Strand. „Ich kann dir ein paar Sandwiches machen. Und willst du auch einen Smoothie?"
Fee schlingt ihre Arme um Zoran und drückt ihr Gesicht in seine Locken, als er mit ihr die kleine Strandbar betritt. Ein Schild hängt im Fenster, auf dem *Gesloten! De Babys zijn er!* steht.

Fee weiß nicht, was sie Hannes schreiben will. Doch dann tippt sie einfach in ihr Handy, was ihr durch den Kopf geht. Zum Schluss liest sie:

Ich bin zu meinem Vater gefahren. Es gibt Neuigkeiten, die dir meine Oma am besten erzählt. Danach sollten wir telefonieren. Was macht Anton? Geht es dir gut?
Kurz darauf kommt seine Antwort:
Anton ist noch im Krankenhaus. Deine Oma hat meinem Vater das mit den Kröten gesagt. Und was sind das für Neuigkeiten?
Fee beißt sich auf die Lippe und überlegt kurz. Dann schreibt sie:
Frag meine Oma. Dann ruf mich an.

„Das ist mal 'ne Neuigkeit", ruft Zoran. „Jetzt hast du einen Opa und zwei Onkel."
Fee sagt: „Halbonkel."
Sie sitzen neben dem Haus und sehen aufs Meer.
Da hören sie hinter sich das Weinen eines Babys.
Zoran ist mit wenigen Sprüngen im Haus.
Als Fee das Schlafzimmer betritt, hält Nica das eine Zwillingsmädchen im Arm, während Zoran sich über das Bettchen beugt, in dem das andere Baby weint.

„Wir sprechen Holländisch mit ihnen und Deutsch", sagt Nica, als die beiden Zwillinge wieder ruhig nebeneinander liegen.
„Und du lernst jetzt Niederländisch", verkündet Zoran, der am Türrahmen lehnt.
„Yep", sagt Fee und nähert sich dem Bettchen, um an den beiden Babys zu schnuppern.
„Wie Milch", sagt sie.
Und Nica lächelt müde.

„Ja … hallo", sagt Fee.
Sie verlässt das Haus und läuft ans Meer.
„Hier ist Hannes", sagt Hannes.
„Onkel Johannes?", rutscht es Fee heraus.
Hannes sagt: „Haha." Doch dann muss er auch lachen.
„Ich war gerade bei deiner Oma."
„Dachte ich mir. Und, wie wars?"
„Ich habe einen Kuchen bekommen."
„Lass mich raten. Apfelkuchen mit Vanilleeis?"
„Nein, Sandkuchen mit Puderzucker und Schokolade."
„Auch nicht schlecht. Und dann?"
„Dann hat sie es mir gesagt."
„Jetzt können wir nicht mehr heiraten", sagt Fee.
„Oh, shit", erwidert Hannes.
„Und sonst so?", fragt Fee.
„Nichts so", antwortet Hannes. „Obwohl, doch. Wann kommst du zurück?"
„Am Sonntag. Aber ich muss am Montag wieder zur Schule."
„Ist nur so, dass ich dir was sagen will."
Fee fragt vorsichtig: „Was denn?"
„Meine Mutter kommt nächste Woche."
„Was?! Das ist ja cool! Freust du dich?"
„Ja, schon. Aber sie hat jetzt in Amerika einen neuen Freund."
Fee sagt wieder: „Oh …" Und danach nichts mehr.
„Meine Mutter bleibt nur ein paar Tage in Deutschland", sagt Hannes. „Aber vielleicht kommt sie in den Sommerferien etwas länger."
„Das ist doch toll. Oder nicht?"
„Doch, sicher."

„Aber?"
„Ich weiß nicht. Das ist so anstrengend. Die Erwachsenen machen immer, was sie wollen. Und wir müssen das dann mitmachen."
„Oder sie sagen einem nicht, was sie gemacht haben, und dann hat man plötzlich zwei Halbonkel und einen Opa."
„Oder eine neue Oma", fügt Hannes hinzu.
„Oder zwei neue Geschwister", ergänzt Fee. „Aber das mit Lotte und Isa ist voll in Ordnung."
Und dann schweigen sie ein paar Sekunden.
Und schließlich sagt Hannes: „Kommst du nochmal ins Mühlbachtal?"
Fee weiß nicht, was sie darauf sagen soll.
Sie weiß wirklich nicht, was sie dazu sagen soll.
Und dann ist es Hannes der „Tschüss", sagt und die Verbindung unterbricht.

Am Abend macht Zoran ein Feuer vor dem Haus und legt Kartoffeln hinein. Sie essen Salat, und später halten sie Stöcke mit Brotteig in die Flammen und trinken Heidelbeersirup mit Wasser.
„Die Babys sind wie Zerberus", sagt Fee. „Der pennt auch den ganzen Tag."
„Alte und Junge sind sich ziemlich ähnlich", überlegt Zoran.
„Du bist ja noch jung", sagt Nica.
Fee hält den Daumen hoch.
Und Nica wiegt den Kopf.
„Willst du noch etwas?", fragt Zoran.
Da sagt Fee: „Ich will schwimmen gehen. Aber vorher rufe ich Mama an."

„Hallo Mama."
„Och Fee, also ehrlich. Ich will ja nicht nerven, aber du hättest …"
„Mama, die Babys sind voll süß."
„… mal anrufen können. Äh, was sagst du?"
„Die Babys sind voll süß."
„Ja, das stimmt. Aber Fee, ich meine … also, du kannst doch nicht einfach so nach Holland fahren."
„Doch, das ging ganz leicht. Und du wolltest ja nicht mit."
„Weil es noch nicht geht. Aber wir wären gefahren."
„…"
„Fee?"
„Ja?"
„Wir wären wirklich gefahren."
„Jetzt bin ich halt allein hier. Schlimm?"
„Ja … nein. Es ist ja gut gegangen. Aber wie kommst du denn zurück?"
„Mit dem Zug."
„Und wann?"
„Am Sonntag."
„Bitte lass dich von deinem Papa zum Bahnhof bringen. Ich hole dich dann ab."
„Bist du dann nicht mehr im Mühlbachtal?"
„Doch, schon. Aber Finn kann mit dem Auto zum Bahnhof kommen."
„Never!"
„Okay, ich komme mit dem Rad."
„Und ich gehe am Montag in die Schule."
„Das weiß ich noch nicht."
„Mama?"
„Das kann ich dir wirklich nicht versprechen, Süße. Ich

habe schon mit Herrn Rabe gesprochen. Das geht alles klar. Er hat erlaubt, dass du noch eine Woche hierbleiben kannst. Natürlich sollst du täglich deine Aufgaben machen. Das haben wir in der letzten Woche etwas schleifen lassen, glaube ich. Aber wir können wirklich im Mühlbachtal bleiben."
Da spürt Fee das Kribbeln. Es beginnt, wie immer, auf dem Kopf und breitet sich dann über die Arme und den Rücken bis über die Beine zu den Zehen aus. Aber seit gestern weiß Fee, dass dieses Kribbeln nicht das Ende ist. Es ist der Anfang für etwas viel Schöneres. Es ist der Beginn ihres Lebens, in dem sie selbst entscheidet, was sie machen will.
Und so sagt sie: „Wenn ich Montag nicht zur Schule darf, bleibe ich für immer bei Papa", und unterbricht die Verbindung.

Fee zieht sich aus und rennt über den Strand zum Meer, das sich weit zurückgezogen hat, als wollte es für sich allein sein.
„Ich komme mit!", schreit Zoran und rennt Fee hinterher.
Kurz vor der ersten Welle greift er nach ihrer Hand und gemeinsam springen sie in das flache Wasser.
Fee stockt der Atem, aber sie rennt weiter, bis sie stolpert und einen Bauchklatscher macht.

„Sieh mal, über uns!", sagt Zoran.
Er treibt auf dem Rücken und zeigt in den Himmel.
Unzählige Sterne bedecken den wolkenlosen Nachthimmel, und knapp über dem Dünenrand hängt der volle Mond.
„In solchen Nächten kann ich draußen ohne Lampe lesen", sagt Zoran.
„Kann ich heute in der Düne schlafen?", fragt Fee.

„Natürlich kannst du das", sagt Zoran lachend. „Wir haben sowieso kaum Platz im Haus."

Als Fee und Zoran im Mondlicht über den Strand zum Haus laufen, steht Nica mit zwei großen Handtüchern in der Tür. Später liegt Fee in einem Schlafsack vor dem Haus. Zoran hat ihr eine Isomatte in den Sand gelegt und darauf ein weiches Kopfkissen.
Als im Haus die Lichter ausgehen, schaut Fee zum Himmel hinauf und wartet auf eine Sternschnuppe. Aber die gibt es nur im Sommer. Dann schließt sie ihre Augen und hört das Rauschen des Meeres, bis sie eingeschlafen ist.

Beim Erwachen sieht Fee zwei Babyköpfe über sich. Nica sitzt im Schneidersitz im Sand und hält Lotte und Isa im Arm.
Nica sagt: „Guten Morgen."
Und Fee sagt: „Goede morgen", und berührt zwei weiche Babyfüße. „Wer ist denn wer?"
„Das ist Lotte", sagt Nica und hebt das linke Baby hoch. „Und das ist Isa."
Fee sieht an Lottes Strampler ein rotes Band und an Isas ein gelbes, und denkt an die Birke im Taubenschlag.
„Hast du gut geschlafen?", fragt Nica.
„Oh ja!", sagt Fee und reckt sich in dem warmen Schlafsack. Sie blinzelt zum Meer, das wie ein glitzernder Spiegel unter ihr liegt.
„Dein Papa ist ..." Nica sucht nach Worten.
Dann sagt sie lächelnd: „Zoran kauft Brot."
Fee robbt durch den Sand und schnuppert an den Zwillingen wie ein Hund.

Isa wackelt mit dem Köpfchen, und Lottes Augen sind halb geschlossen.

Zum Frühstück setzen sie sich in die Sonne hinterm Haus. Die kleine Sandbucht ist umgeben von Hagebuttensträuchern, und über dem groben Holztisch ist ein helles Segel gespannt. Die Zwillinge liegen auf einem Fell im Sand und schlafen wieder.
„Wenn du magst, fahren wir mit dem Boot in die Stadt", sagt Zoran. „Heute ist Markt."
„Hat das Boot einen Motor?", fragt Fee.
Zoran lacht. „Das Boot hat zwei Ruder."

Mit den Rädern sind sie nach einer halben Stunde beim Anleger, und von dort brauchen sie mit dem Ruderboot eine weitere Viertelstunde bis in die Stadt.
„Kopf einziehen!", ruft Zoran, als sie unter der ersten Brücke durchfahren.
Die gewölbte Brücke ist einen knappen Meter hoch und sie müssen sich flach ins Boot drücken, um hindurchzukommen.
Dann windet sich der Kanal in einer weiten Schleife links an einem Park vorbei. Die hängenden Zweige mehrerer Trauerweiden berühren die tellerförmigen Seerosenblätter. Zoran zieht die Ruder mit kräftigen Zügen durch das grüne Wasser, und als die nächste Brücke kommt, duckt sich Fee von selbst in das Boot. Dahinter säumen kleine Backsteinhäuser den schmalen Kanal. Ein schwarzer Kahn kommt ihnen entgegen, in dem drei Frauen sitzen. Zoran winkt ihnen zu und spricht im Vorbeifahren mit ihnen.
Dann sagt er, an Fee gewandt: „Das waren unsere Kellne-

rinnen. Nächste Woche mache ich die Strandbar wieder auf. Bis dahin haben sie Babypause."
„Nächste Woche bin ich wieder in der Schule", sagt Fee.
Sie sieht an den Backsteinhäusern hinauf, hinter denen sich ein kleiner Platz mit einem Café auftut.
Zoran verlangsamt das Tempo und treibt auf die Kaimauer zu, an der ein Seil befestigt ist. Er hält sich daran fest, damit das kleine Boot nicht weiter treibt.
„Klingel mal", sagt er und zeigt zu einer Glocke, die an der Mauer hängt.
Fee bewegt das Seil und lässt die Glocke läuten.
Wenig später steht eine Frau am Kai und sieht zu ihnen ins Boot.
„Hey, Zoran, ist das deine Tochter?"
„Das ist mein Mädchen!", sagt Zoran stolz.
„Hallo, ich bin Fee."
„Und ich bin Maike."
Sie kniet sich hin und fragt: „Und was machen die Zwillinge?"
„Schlafen", sagt Fee.
„Manchmal sind sie auch wach", ergänzt Zoran.
„Ich komm nächste Woche mal vorbei. Mittwoch hab ich frei."
„Am Samstag gibts ein kleines Fest", verkündet Zoran. „Komm doch einfach auch."
„Mal sehen", sagt Maike. „Und welches Eis wollt ihr nun?"
Zoran sieht Fee an.
Und die sagt: „Zwei Kugeln, die richtig gut schmecken."
„Dann geb ich dir Mandarine und Stachelbeere."
„Und ich nehme eine Kugel Kiwi", ergänzt Zoran.

Mit dem Eis in der Hand sitzen sie im Boot. Als Zoran sein Eis gegessen hat, rudert er weiter, bis sie beim Markt wieder halten und über eine rostige Treppe nach oben klettern.
„Wir brauchen eigentlich nur Fisch und Gemüse", sagt Zoran. „Oder hast du noch einen Wunsch?"
Fee sagt: „Nö."
Zoran macht zwei schnelle Schritte und bleibt direkt vor Fee stehen.
„Keinen Wunsch?"
Seine Augen funkeln freundlich, und so wie er Fee ansieht, sagt sie schließlich: „Ich will, dass du wieder bei mir bist."
„Jetzt bin ich ja da", sagt er.
„Aber sonst nicht."
„Ich weiß, mein Mädchen. Aber Nica und ich möchten, dass unsere Kinder am Meer aufwachsen."
Sie schlendern über den Markt und Zoran kauft einen großen Fisch, und an einem anderen Stand lässt er sich die Tasche mit Gemüse füllen. Überall spricht er mit den Leuten und stellt Fee vor, die nur wenig von dem versteht, was so geredet wird.
Als sie wieder in das Boot klettern, sagt sie: „Ich will bei dir sein."
Da streicht Zoran über ihren Kopf und gibt ihr einen Kuss.

Als sie ihre Räder vor der Düne abgestellt haben, sagt Fee: „Guck mal hier. Das hat mir Hannes gerade geschickt."
Zoran sieht auf Fees Handy.
Schließlich sagt er: „Das ist ein Gemälde von Heinz. Das erkenne ich sofort. Der hat das halbe Mühlbachtal porträtiert. Hast du von ihm gehört?"

Zoran vergrößert das Bild im Display. „Dieses Bild ist mir allerdings unbekannt."
Zoran setzt die Sonnenbrille auf, um besser sehen zu können.
Dann fügt er hinzu: „Ach, das ist ja schräg. Weißt du, wer das ist?"
Er hält Fee das Handy hin und zeigt auf einen Mann, der einen anderen Mann küsst. Die beiden stehen in Anzügen neben einer Braut, die ein Baby auf dem Arm hält.
„Keine Ahnung", sagt Fee.
„Wenn du genau hinsiehst, erkennst du ihn. Das ist Hugo. Und der Mann neben ihm ist Karl, der Bruder von Hugos Frau Franziska, die als Braut zu sehen ist."
„Aber warum küsst Hugo den Bruder seiner Frau?"
„Frag ihn doch mal. Das Baby ist wohl Veronika", überlegt Zoran. „Schon cool, das Bild. Hat dir dein Freund gesagt, wo er es herhat?"
„Das ist jetzt mein Halbonkel", sagt Fee. „Ich rufe ihn gleich mal an."

Als sie das Haus betreten, sitzt Nica auf dem Sofa und liest, während die Zwillinge in ihrem Bettchen liegen und mal wieder schlafen.
„Wir haben einen wunderschönen Fisch gekauft", sagt Zoran.
Nica lächelt, und Fee sagt: „Ob der Fisch das auch so wunderschön findet?"
„Wohl kaum", sagt Zoran und legt den Fisch in den Kühlschrank. Dann gibt er Nica einen Kuss und beugt sich schließlich über das Bettchen.
„Ich geh nochmal zum Strand", sagt Fee und springt aus

dem Haus in den Sand und läuft zum Meer, das sich weit in sich selbst zurückgezogen hat. Der wellige, harte Sand drückt unter ihren Fußsohlen, und die auslaufenden Wellen berühren ihre Füße. Sie zieht ihr Handy hervor und wählt Hannes' Nummer.

Hannes: „Hast du das Bild gesehen?"
Fee: „Ja, habe ich. Wo hast du das her?"
Hannes: „Aus der Hütte von meinem Opa."
Fee: „Hast du jetzt den Schlüssel?"
Hannes: „Nein, ich hab die Tür so aufgemacht."
Fee: „Das geht? Auch ohne Schlüssel?"
Hannes: „Ja, war ganz einfach. Das Scharnier, an dem das Schloss hing, war mit zwei Schrauben befestigt. Die habe ich einfach abgedreht."
Fee: „Oh, tolle Konstruktion."
Hannes: „Ja, voll."
Fee: „Hast du Ur-Hugo erkannt?"
Hannes: „Ist das dein Uropa auf dem Bild? Und die anderen? Wer sind die?"
Fee: „Ur-Hugos Frau Franziska mit meiner Oma als Baby. Und ihr Bruder Karl."
Hannes: „Komisches Bild, oder?"
Fee: „Ja. Und jetzt?"
Hannes: „Wie?"
Fee: „Was machst du damit?"
Hannes: „Nichts. Ich hab das Bild zurückgestellt und das Scharnier wieder angeschraubt."
Fee: „Und wie geht es Anton?"
Hannes: „Er kommt morgen nach Hause."
Fee: „Muss er in diese Klinik?"

Hannes: „Mein Vater wartet erst auf meine Mutter. Dann wollen sie das entscheiden. Ach, und die Kröten ... die sind alle tot."

Da spürt Fee ein Ziehen in der Brust, als würde ein Ring um ihr Herz gelegt.

„Warum weinst du, mein Mädchen?", fragt Zoran, als sie später auf der Düne sitzen.
„Weiß nicht", sagt Fee und legt ihren Kopf an Zorans Schulter.
„Weiß nicht, gibts nicht", sagt Zoran und gibt ihr einen Kuss aufs Haar.
„Weil ich morgen nach Hause fahre", spricht Fee weiter.
„Und weil Mama ins Mühlbachtal ziehen will."
Aber da sind noch mehr Dinge, die Fee nicht in Worte fassen kann und die als flaues Gefühl in ihrem Bauch umherschwappen und immer mehr werden und beim Einatmen in die Lunge dringen und beim Ausatmen als Schluchzer zurückkommen. Und diese Dinge haben auch mit dem seltsamen Bild zu tun. Und mit der *Sinfonie vom Mühlbachtal*.

Am Samstag hängen bunte Lampions am Haus und in den Hagebuttenbüschen, und Fackeln stehen im Sand bis hinunter zum Strand, wo ein Feuer brennt. Zoran platzt beinahe vor Glücklichsein, und Nica sitzt wie eine Königin auf dem Sofa, das vor dem Haus im Sand steht. Sie hält die Zwillinge im Arm, die mal schlafen und mal wach sind und von allen Gästen ständig angesehen und bestaunt werden.
Fee wird von lächelnden Menschen angesprochen, deren Sprache sie nicht versteht, bis auf Maike.
„Wie lange bleibst du noch?", fragt Maike.

„Bis morgen", sagt Fee.
„Und wann kommst du zurück?"
Fee zuckt mit den Schultern.

Am Sonntag frühstücken sie am Strand.
Zoran sagt: „Weißt du, warum ich die Bänder in die Birke gehängt habe?"
Fee sagt: „Nein", und streckt ihren Zeigefinger aus, den Lotte umgreift.
„Weil niemand für immer weg ist. Es bleibt etwas zurück. Das soll man nicht vergessen."
Fee sagt: „Ja", und gibt Isa ihren anderen Zeigefinger.
Da legt Zoran ein goldenes Band in Fees Schoß.
Fee sieht es an, und Zoran zwinkert ihr zu.
Nica sagt: „Verführ sie nicht!", und lacht.

Als der Zug den Bahnhof verlässt, atmet Fee ganz tief ein und wieder aus. Mit dem Weinen ist es wie mit dem Kribbeln. Irgendwann verändert es sich und wird zum Lachen. Oder zu guter Laune. Oder zu Hoffnung und Freude.

2

„Fee!", ruft Olga.
„Drück nicht so", sagt Fee und spürt Olgas Tränen am Hals.
„Warum weinst du?", fragt Hugo.
„Weil ich so glücklich bin, dass deine Schwester wieder da ist", antwortet Olga.
Dann verlassen sie den Bahnhof und fahren durch die Stadt bis zum Waldrand und weiter bis ins Mühlbachtal.
Fee lässt die Landschaft an sich vorüberziehen und denkt die ganze Zeit ans Meer.

Und dann ist sie wieder im Taubenschlag, wo Ernie einen Fensterladen lackiert, und Paula ein Schild malt, auf dem „Frische Eier" steht. Keto und Juli liegen in der Bettschaukel, und Bente, Daniel und Jim sind für ein paar Tage nach Budapest gefahren, um für ein anderes Festival zu arbeiten.
„Du hast ja einen Gips!", ruft Fee, als sie Finn entdeckt.
„Ich hab versucht, meinen Rekord auf dem Kanisterfloß zu brechen", sagt er lachend. „Und dann bin ich mit dem Fuß in einer überstehenden Wurzel am Uferrand hängen geblieben. Aber halb so wild, bis zum Festival bin ich wieder fit. Und wie war Holland, großes Zoran-Mädchen? Was machen die Fritten?"
„Meinst du Papa?", fragt Fee.
Finn zwinkert ihr zu und hebt die Schultern.
Da stellt sich Paula neben Fee und sagt: „Hugo will dich übrigens sprechen, bevor ihr gleich fahrt."
„Mich?", fragt Fee. „Aber warum?"
„Das hat er nicht gesagt." Paula hebt entschuldigend die Hände.
„Jetzt?"
„Wenn du heute noch nach Hause willst, dann ja", sagt Olga.
„Bin schon weg!", sagt Fee und verlässt den Taubenschlag auf ihrem Rad.

3

„Na gut, der Wald ist schön", denkt Fee. „Und wie die Sonne durch die Zweige scheint, ist auch nicht schlecht."
Fee fährt durchs Mühlbachtal zu Ur-Hugos Kotten. Aber diesmal ist sie allein, und sie hat keinen Schimmer, was er von ihr will.

Eines weiß sie aber: Sie möchte keine weiteren Halb- oder Viertel- oder Achtelgeschwister bekommen. Oder eine neue Mutter, was natürlich gar nicht sein kann, weil Olga ihr so ähnlich sieht, wie auch Veronika ihnen beiden ähnelt.
Fee fährt über die kleine Brücke und nähert sich dem Kotten mit dem Schleifstein, der im Gras liegt. Dahinter hängt das große Holzrad über dem Mühlbach. Die Haustür mit den Schnitzereien steht offen, als würde das alte Haus auf Fee warten.
„Jemand da?", ruft Fee, als sie das Wohnzimmer betritt.
Der Raum ist kühl und Ur-Hugo sitzt im Sessel neben dem Ofen. Sein Kopf liegt auf der Brust und die Kappe ist ihm in den Schoß gefallen.
Fee stockt der Atem. Sie nähert sich dem sitzenden alten Mann mit zögernden Schritten. Doch da sieht sie, wie sich seine Brust hebt und senkt. Ur-Hugo schläft.
Fee setzt sich auf einen Stuhl und wartet, bis Ur-Hugo von allein wach wird. Dabei sieht sie sich im Zimmer um. Hier ist nichts, das überflüssig wäre. Keine Gardinen vor den Fenstern, keine Regale mit irgendwelchem Kleinkram und auch keine Pflanzen oder Teppiche oder Bilder an den Wänden.
„Das Bild", denkt Fee und zieht das Handy aus der Tasche. Sie öffnet Hannes' Nachricht und vergrößert das Bild, das er ihr geschickt hat. Der junge Mann, der den anderen jungen Mann küsst, hat nur entfernt eine Ähnlichkeit mit dem Ur-Hugo, der vor ihr sitzt und schläft. Aber er könnte es sein.

Nach einer ganzen Weile, in der Fee ein paarmal überlegt, ob sie Ur-Hugo nicht doch anstupsen soll, um ihn zu wecken, wird er schließlich von allein wach, blinzelt kurz und murmelt: „Du hier?"

Fee sagt: „Warum nicht?!", und steckt das Handy wieder weg.

„Ich bin wohl eingeschlafen", sagt Ur-Hugo. „Wie spät ist es denn?"

„Gleich drei."

„Oh ... dann hab ich zwei Stunden geschlafen." Ur-Hugo lacht. „Willst du was trinken? Nimm dir was. Ich hab eh nur Wasser und kalten Tee. Steht alles da hinten. Ich muss erstmal wieder in die Gänge kommen."

Er hievt sich gähnend aus dem Sessel und macht ein paar steife Schritte durch das kleine Zimmer.

„Lass uns in die Sonne gehen. Ist besser für meine Knochen."

Fee folgt Ur-Hugo nach draußen und setzt sich neben ihn auf den Schleifstein. Sie sieht auf die scharf geschliffene Kerbe und denkt plötzlich an die *Sinfonie vom Mühlbachtal*. Es ist wie ein Traumsplitter, der ihr plötzlich einfällt.

Die küssenden Männer. Die Frau mit dem Baby, das älter wurde und wütend davonlief. Und der alte Mann, der sich an dem scharfen Schleifstein verletzt hatte.

Da sagt Ur-Hugo unvermittelt: „Das Mühlbachtal hat die Wahrheit all die Jahre in sich getragen. Die Wahrheit ist wie ein Geheimnis. Sie ist immer da, aber niemand weiß davon. Hier geht nichts verloren. Ich habe die Wahrheit nur aufnehmen und zusammenbringen müssen. Und jetzt kann sie jeder hören. Das ist die *Sinfonie vom Mühlbachtal*."

Fee sieht Ur-Hugo fragend an. Sie versteht kein Wort von dem, was er da sagt. Aber sie weiß, dass er ihr gerade etwas anvertraut, was ihm wichtig ist.

„Du hast die Sinfonie verstanden", sagt Ur-Hugo.
„Habe ich das?", fragt Fee.
„Ja, hast du." Ur-Hugo sieht Fee eindringlich an. „Deswegen hast du mich doch auch nach Veronika gefragt. Oder etwa nicht?"
„Ich weiß nicht, warum ich das getan habe", sagt Fee. „Ist mir einfach so eingefallen."
Ur-Hugo streicht gedankenverloren über die geschliffene Kerbe.
„Hast du Mama deswegen gebeten, ins Mühlbachtal zu kommen?", fragt Fee leise.
„Ja, auch", brummt Ur-Hugo und zieht seine Hand einmal kurz über die Kerbe.
Fee sieht, wie ihm das Blut aus den Fingern tropft.
„Wir kennen uns ja nicht so gut", sagt er, „aber ich würde dir gerne etwas sagen, bevor ihr heute nach Hause fahrt."
Fee starrt auf Ur-Hugos blutende Hand.
„Karl ist tot", sagt er. „Und Franziska ist auch tot. Aber Veronika ist wieder da. Und dafür möchte ich dir danken."
Fee sagt: „Oh ... bitte. Aber willst du nicht mal das Blut da abwischen?"
Fee zeigt auf Ur-Hugos Hand, von der das Blut auf den Boden tropft.
„Entschuldige", sagt Ur-Hugo. „Ich war wohl in Gedanken."
Er steht auf und geht ans Ufer des Mühlbachs. Dort kniet er sich hin und taucht seine Hand ins Wasser, von dem sein Blut als roter Schleier fortgetragen wird.

Als Ur-Hugo seine Wunde im Gras getrocknet hat, zieht Fee ihr Handy aus der Tasche und öffnet das Bild, das Hannes ihr geschickt hat.

„Guck mal", sagt sie. „Kennst du das?"
„Moment mal", sagt Ur-Hugo und zieht eine Brille aus der Hemdtasche. Er beugt sich über das Display und betrachtet das Foto des Gemäldes mit den jungen Männern, die sich küssen, und der Braut, die das Baby im Arm hält.
Eine ganze Weile sagt er nichts.
Dann nimmt er die Brille wieder ab und sieht Fee an.
Schließlich sagt er mit warmer Stimme: „Das Bild von Heinz ist die Wahrheit, und nichts als die Wahrheit, so wahr mir Gott helfe."
Fee wartet, dass er weiterspricht.
Er greift in die Hosentasche und zieht einen Schlüssel hervor.
„Siehst du deinen Freund heute noch?"
„Möglich", sagt Fee.
„Dann gib ihm doch bitte diesen Schlüssel hier. Und richte ihm aus, dass er mit dem Bild machen kann, was er will. Ich jedenfalls möchte es nicht haben."
Fee nickt stumm.
Schließlich fragt sie: „Bist du das auf dem Bild?"
„Ja."
„Und ist der andere Mann Karl?"
„Ja."
„Und ist die Frau Franziska?"
„Ja."
„Und ist das Baby Veronika?"
„Ja."
„Und warum küsst du Karl und nicht Franziska?"
„Weil ich Karl geliebt habe."
„Und Franziska?"
„Die habe ich geheiratet, damit Veronika einen Vater hat."
„Und wer ist Veronikas echter Vater?"

„Das weiß niemand."
„Und warum hat Hannes' Opa dieses Bild gemalt?"
Ur-Hugo zögert einen kurz.
Dann sagt er: „Damit wir die Wahrheit nicht vergessen."

Wenig später schiebt Fee ihr Fahrrad auf die Brücke. Ur-Hugo begleitet sie. Als Fee gerade losfahren will, sagt er noch: „Das mit dem Urgroßvater stimmt ja dann auch nicht mehr. Tut mir leid."
Da muss Fee plötzlich lachen, weil sie jetzt zwei Halbonkel und eine Oma und einen Opa hat, dafür aber keinen Urgroßvater mehr.

4

Im Taubenschlag wuseln alle hin und her. Es ist eine Aufregung, als würde die königliche Familie aus dem Buckingham Palast ausziehen. Dabei bringt Olga nur die Fahrradtaschen in den Hof, um nach Hause zu fahren.
„Nehmt noch ein paar Eier mit", sagt Paula und rennt ins Haus.
„Habt ihr genug Luft in den Reifen?", fragt Ernie und läuft in die Scheune.
Finn humpelt auf seinen Krücken umher und fragt Olga ständig irgendwas, worauf sie keine Antwort gibt.
Zerberus trottet mit hängendem Kopf über den Hof und fällt vor Fees Füßen zu Boden, wo er sich auf den Rücken rollt.
„Das ist der Highscore! Das hat er ja schon ewig nicht mehr gemacht", sagt Ernie, als er aus der Scheune mit der Fahrradpumpe zurückkommt.
Fee vergräbt die Hände in Zerberus' stumpfem Fell, was ihn wohlig brummen lässt.

„So, dann fahren wir jetzt mal", bestimmt Olga und scheucht Hugo in den Anhänger. „Und wenn wir was vergessen haben, ruft mich an. Ich komme *sofort* zurück."
„Lass dich drücken", sagt Paula und nimmt Fee in den Arm.
„Du kannst jederzeit zu uns kommen."
Fee lächelt stumm. Und zugleich schießt ihr ein Gedanke durch den Kopf.
Sie öffnet ihre Fahrradtasche und wühlt darin herum.
„Och Fee", ruft Olga, „jetzt bring nicht alles wieder durcheinander. Nochmal kriege ich die Tasche nicht zu."
„Muss aber sein", sagt Fee und läuft über den Hof zu der Birke, steigt auf die Bank und knotet das goldene Band in einen Zweig.
„Jetzt können wir fahren", sagt Fee.
Finn lächelt traurig.
„Sie meint es mit dem Abschied wirklich ernst", sagt er.
„Sieht ganz danach aus", pflichtet ihm Olga bei und steigt auf ihr Rad.

5

Am späten Nachmittag sind sie wieder zu Hause. Olga lässt die Fahrradtaschen in der Küche auf den Boden fallen und geht über das Treppchen in den Garten, wo Hugo unter dem Apfelbaum sitzt.
Er sagt: „Mir tut mein Herz weh."
„Mein Herz tut auch weh", sagt Olga und nimmt Hugo in den Arm.
Fee bleibt in der Tür zum Garten stehen und erinnert sich an den Abend, als Olga zum ersten Mal vom Mühlbachtal erzählt hatte, und wie aufgeregt Hugo war, als er wenig später von seinem Vater erfuhr.

„Komm zu uns", sagt Olga.
Aber Fee schüttelt den Kopf und geht in ihr Zimmer, wo sie sich auf ihr Bett fallen lässt und Hannes anruft.

„Meine Mutter kommt in den Sommerferien!", ruft Hannes fröhlich.
„Oh, schön", sagt Fee.
„Bist du wieder zu Hause?"
„Ja."
„Und, alles klar?"
„Nein."
„Was ist denn?"
„Ich weiß nicht", sagt Fee und hört zugleich die Worte ihres Vaters: „Weiß nicht, gibts nicht." Also sagt sie: „Ist komisch, hier zu sein."
„Dann komm zurück ins Mühlbachtal", schlägt Hannes vor.
„Geht nicht."
„Warum?"
„Weil ich es nicht will."
„Na gut", sagt Hannes. „Danke übrigens für den Schlüssel. Jetzt kann ich mir die Hütte endlich einrichten."
„Als Anton-freie Zone?"
Hannes schweigt.
„Blöder Satz?", fragt Fee.
„Nein, schon okay. Anton kommt nächste Woche in die Klinik. Dann ist er sowieso weg."
„Das tut mir leid."
„Ist ja nicht für immer."
„Und sag mal", beginnt Fee, „warum hat Anton eigentlich die Kröten getötet?"
Hannes scheint zu überlegen.

Schließlich sagt er: „Anton hat gesagt, dass er wütend auf unsere Mutter war."
„Und was hat das mit den Kröten zu tun?"
„Das weiß ich auch nicht."

Wenig später stehen Olga, Fee und Hugo in der Küche.
„Lasst uns mal die Sachen auspacken", bittet Olga.
Fee öffnet die Fahrradtaschen und schüttet deren Inhalt auf den Boden. Hugo starrt auf die Kleidungsstücke, die wie ein Trümmerhaufen da liegen. Er legt sich darauf und vergräbt sein Gesicht in der schmutzigen Wäsche.
Olga hockt sich neben ihn und streichelt seinen Rücken.
Dann setzt sich Fee dazu, stutzt kurz und sagt schließlich: „Ich glaube, er schläft."
Olga beugt sich über Hugo.
„Tatsächlich", sagt sie lachend und bedeckt ihn mit einem Shirt.

„Was hat dir Ur-Hugo vorhin eigentlich gesagt?", fragt Olga, nachdem sie den kleinen Hugo in sein Bett getragen haben. Sie sitzen jetzt auf dem Sofa neben dem Esstisch.
„Dass er nicht Veronikas Vater ist", antwortet Fee. „Und dass er nicht weiß, wer Veronikas echter Vater ist. Und dass er Franziska geheiratet hat, damit Veronika einen Vater hat, obwohl er Karl geliebt hat."
Olga nickt. Sie scheint über etwas nachzudenken.
Schließlich fragt sie: „Könntest du dir eigentlich vorstellen, ins Mühlbachtal zu ziehen?"
Da ruft Fee: „Nein!". Und gleich noch einmal: „Nein!", um das ein für alle Mal klarzustellen.

Drei Monate später

1

Der Umzugswagen kommt drei Stunden zu spät, dafür ist er doppelt so groß wie bestellt.

„Ist das ein Diesel?", fragt Fee, als sie aus dem Küchenfenster auf die Straße sieht.

„Das ist heute egal", sagt Olga im Vorbeilaufen.

„Aber es gibt auch E-Lkw", sagt Fee.

„Dann miete dir einen", entgegnet Olga.

Fee sieht in ihr Zimmer, wo alles abgebaut ist und vor den leeren Wänden steht.

„Wir müssten längst da sein", sagt Olga. „Heute Abend kommen die ersten Bands und wir haben nicht mal die Außenküche aufgebaut. "

Olga öffnet die Tür und zwei Bären stehen vor ihr.

„Sorry, war Stau", sagt der eine Bär, während der andere nach der Toilette fragt und sich gleich an Olga vorbei in die Wohnung schiebt.

„Ist wohl so, dass Tim erstmal zur Toilette muss, bevor wir anfangen", erklärt der erste Bär.

„Aha", sagt Olga.

„Und wo ist der Kaffee?"

Olgas Mundwinkel fallen herab.

„In der Küche."

„Ich bin übrigens der Bennet. Milch und Zucker auch da?"

Er drückt Olgas Hand und läuft erstaunlich leichtfüßig zwischen den Kartons in die Küche.

„Wir müssten so gegen drei da sein", sagt Olga.

„Das wird knapp", sagt Bennet. „Ist ja schon eins."

„Wir hatten auch zehn Uhr vereinbart."

„War Stau, wie gesagt."
„In der Stadt? Ihr kommt doch aus der Stadt, oder?"
Bennet zuckt mit den Schultern und gießt sich Kaffee in eine Tasse.
„Auch 'n Kaffee?", fragt er.
„Gerade nicht", sagt Olga. „Können wir dann wohl anfangen?"
Da brüllt Bennet: „Tim! Die Dame des Hauses hats eilig."

Um zwei Uhr ist das meiste verladen. Und um halb drei haben Tim und Bennet die letzten belegten Brötchen vertilgt.
„'N Päuschen wär nicht schlecht", überlegt Bennet.
„Wenn alles ausgeladen ist, könnt ihr eure Pause im Naturschutzgebiet machen", verspricht Olga.
Fee überlegt, ob sie ihre Mutter jemals so lange so ernst erlebt hat.
Da schreit Olga plötzlich: „Ich hätte den Keller fast vergessen."
„Nicht dein Ernst jetzt, nee?!", sagt Bennet.
„Doch", entgegnet Olga. „Können wir grad mal runtergehen?"
Fee sieht ihrer Mutter nach, die mit Tim und Bennet im Treppenhaus verschwindet.
Fee sieht in die leere Küche, wo nur noch ein Stuhl mit zwei Tassen und einer Thermoskanne steht.

Eine halbe Stunde später knattert der Lkw los.
„Was für Heiopeis", sagt Olga und schlägt die Tür zu.
Sie geht zum letzten Mal durch die Wohnung. Fee folgt ihrer Mutter in die Küche, und als sie die Tür zum Garten schließt, dreht sich Olga um und nimmt Fee in den Arm.

„Ist das alles richtig, wie wir das machen?"
„Warum nicht?!", sagt Fee.

Am Abend vor dem Festival ist der Hof voller Menschen. Ein paar Musiker spielen unter der Birke auf Akustikinstrumenten, während Finn und Ernie Lichterketten von Haus zu Haus spannen.
Fee beobachtet Hugo, der mit den anderen Kindern im Hof herumläuft, und sieht Paula und Olga, die mit einigen Helfern in der offenen Küche das Abendessen bereiten.
Fee fühlt sich in dem Trubel überflüssig. Sie stromert ziellos umher. Schließlich entdeckt sie Zerberus, der ein ruhiges Plätzchen neben der Scheune gefunden hat.
„Mir ist das hier auch zu viel", sagt Fee, legt sich neben ihm ins Gras und schaut in den blauvioletten Abendhimmel.

2

Das Festival beginnt für Fee mit einem Tritt gegen den Oberschenkel.
Hugo springt durchs Bett und läuft zum Fenster.
Er schreit: „Guck mal!"
„Was 'n los", nuschelt Fee und schält sich unwillig aus den Laken, obwohl es schon später Vormittag ist.
Als sie in den Hof sieht, wird sie schlagartig wach. Neben der Scheune stehen unzählige Menschen und warten darauf, dass sie eine der letzten Karten ergattern. Sie haben Rücksäcke und Isomatten dabei oder ziehen kleine Handkarren hinter sich her.
„Das will ich sehen!", schreit Hugo und rennt zum Zimmer hinaus.
Fee folgt ihm nach draußen und sieht, dass sich die Men-

schenschlange bis weit hinter die Einfahrt zieht. Finn und Ernie stehen am Einlass neben der Scheune, während Paula und Olga kleine Bänder um die Handgelenke der eintretenden Festivalbesucher binden.

Im hinteren Teil der Schlange stehen Hannes und sein Vater Dirk.
Fee ruft: „Hallo Onkelchen!"
Dirk lächelt stumm, und Hannes sagt: „Wie gehts?"
„Gut. Und dir?"
„Auch gut." Hannes tritt beiseite und flüstert: „Meine Mutter kommt gleich. Und Anton ist seit gestern aus der Klinik zurück. Er bleibt über die Ferien bei ihr."
„Dann bist du jetzt mit deinem Vater allein?"
„Ja. Und du? Seid ihr schon ausgezogen?"
„Gestern. Und was ist mit der Hütte? Ist die fertig?"
„Ja."
„Und was machst du da?"
„Abhängen und so."
„Und der Krötenteich?"
„Die kleinen Kröten sind seit einer Woche weg."
Dann schweigen sie, weil sie an den Tag denken, als Anton die Kröten aufgespießt hatte.
Da sieht Fee ihre Oma Veronika über den Waldweg näherkommen. Sie trägt einen großen Strohhut und das Gesicht ist von einer riesigen Sonnenbrille verdeckt, in der sich – so scheint es Fee – ihr weißes Kleid spiegelt.
Veronika ruft: „Huhu!", und Fee läuft ihrer Oma entgegen.
„Wir sind gestern umgezogen!", sagt Fee.
„Gestern? Ich dachte, Olga hat den Umzug etwas entspannter organisiert." Veronika nimmt Fee in den Arm und lässt

ihre Blicke über den Taubenschlag wandern. „Das ist ja alles ziemlich verrückt hier. So viele Leute in unserem kleinen Mühlbachtal. Wer hätte das gedacht?"
„Mama hat gesagt, dass fast alle Karten verkauft sind."
„Ist das so? Dann hat sich die Arbeit ja gelohnt. Also, ich finde, es sieht prächtig aus. Die Schilder da, wer hat die denn gemalt?"
Veronika deutet auf den Schilderbaum, der neben dem Eingang steht und auf dem die ganzen Bands mit bunter Farbe geschrieben sind.
„Das waren Keto und Juli", erklärt Fee.
„Und die schöne Küche?" Veronika zeigt über den Hof, wo die Helfer bereits das Mittagessen kochen. „Das sind doch ... sind das nicht ... was ist das denn?"
„Das sind alte Schranktüren", erklärt Fee.
„Ach, wie originell. Und die Birke ist aber auch hübsch."
„Das ist ein Kunstwerk von Papa. Jedes Band soll an einen Menschen erinnern, der mal hier war."
Olga kommt im selben Moment vom Eingang herüber.
„Die verlorene Tochter ist zurück!", ruft Veronika und breitet ihre Arme aus.
Olga sagt bissig: „Wenn ich was kann, dann ist das Umziehen. Für etwas muss das Hibbeligsein ja taugen."
„Na, na, na!", sagt Veronika. „So war das gar nicht gemeint."
Veronika hakt sich bei Olga unter und winkt Dirk lächelnd zu.
„Ist ja wie ein Familientreffen", sagt sie.
„Übertreib mal nicht", widerspricht Olga. „Obwohl ..." Sie zeigt in den Wald, wo sich Anton dem Ende der Schlange nähert. Er geht an der Hand einer Frau.
„Ach, Herrgott, da ist ja Isabel!", sagt Veronika. „Die hab ich

ewig nicht mehr gesehen. Und Anton ist auch dabei, wie schön. Isabe-hel! Huhu!"

Veronika läuft zum Ende der Schlange. Olga fragt: „Kennst du Antons Mutter?"

Fee sagt: „Nö", und Olga sieht zum Einlass, wo Paula, Finn und Ernie versuchen, die vielen Festivalbesucher möglichst schnell hineinzulassen.

„Ich geh mal wieder zurück", sagt sie. „Willst du mitkommen?"

„Warum nicht?!", sagt Fee und läuft mit ihrer Mutter an den Wartenden vorbei zum Einlass.

Als sie an Dirk und Hannes vorbeikommen, sagt Olga: „Hallo", und Dirk lächelt gequält.

Olga flüstert: „Ich bin mal gespannt, was Paula gleich sagt, wenn der Typ vor ihr steht."

„Der Typ ist dein Vater", sagt Fee, und Olga sieht zum Himmel hoch und bekreuzigt sich.

Hinter der Absperrung öffnet sich die Weide, wo die Besucher bereits mit dem Aufbau ihrer Zelte begonnen haben. Weiter hinten erkennt Fee die große Bühne, über der unzählige Luftballons im Wind wehen. Sie stellt sich vor, wie die Bühne von den Ballons in die Höhe gehoben wird und über dem Taubenschlag davonschwebt.

Doch dann fragt sie: „Sind die Ballons etwa aus Plastik?"

„100 Prozent Naturlatex", sagt Ernie. „Sowas von biologisch abbaubar, wie du dir das gar nicht vorstellen kannst!"

Im selben Moment weiten sich seine Augen und er zeigt über Fees Schulter nach hinten. Finn und Olga sehen in die Richtung, und Paula sagt: „Oha", und hält sich die Hand vor den Mund.

Fee sieht Zoran mit Nica näherkommen. Sie tragen Rucksäcke und haben je ein Zwillingsmädchen im Arm.
Niemand sagt etwas. Und auch Fee macht keinen Mucks, als ihr Vater direkt vor Finn stehen bleibt.
Die beiden Männer sehen sich lange an. Fee beginnt im Geiste zu zählen.
Als sie bei zehn ist, stehen Zoran und Finn noch immer schweigend voreinander.
Schließlich ruft Fee: „Papa?!"
Da umarmen sich die Männer und klopfen einander auf den Rücken.
„Ich bin wieder zurück", sagt Zoran und breitet seinen freien Arm aus, um Fee aufzufangen, die ihm entgegenspringt.

3

Am Nachmittag spielt die erste Band. Die Festivalbesucher stehen vor der großen Bühne oder sitzen auf Decken. Fee beobachtet Anton, der mit seiner Mutter in der Bettschaukel liegt. Nica hat mit den Zwillingen einen Platz neben der Wasserbühne gefunden, wo sie Zoran dabei zusieht, wie er mit Finn die Lampions in die Bäume hängt und ans Stromnetz anschließt.
Ob Ur-Hugo auch hier ist, weiß Fee nicht. Dafür steht Veronika direkt vor der großen Bühne und tanzt.
„Ganz schön voll", sagt Hannes, der plötzlich neben Fee auftaucht. Hinter ihm ist Dirk. Er sieht mit versteinertem Gesicht auf die Bühne.
„Kennst du die Band?", fragt Fee.
„Klar, du nicht?"
„Woher?"

Fee sieht genauer hin und erkennt Daniel, der am Schlagzeug sitzt, und Bente, der den Bass spielt. Weiter hinten steht Jim mit einer Trompete in der Hand.
„Ich wusste gar nicht, dass die Musik machen", sagt Fee.
Hannes sieht Fee an, als könne er nicht glauben, was er hört.
Schließlich sagt er: „Das weiß doch jeder hier, dass die Musik machen."
„Ich bin aber nicht jeder", sagt Fee pampig und schaut wieder auf die Bühne. Die Sängerin kommt ihr auch bekannt vor. Und als sie Hannes nach ihr fragt, sagt er: „Das ist Paula. Sag mal, bist du blind?"
„Aber ..." Fee macht ein paar Schritte zur Bühne. Und da erkennt sie Paula. Doch im Gegensatz zu sonst hat Paula ihre Haare unter ein Kopftuch gesteckt und trägt schwarze Jeans und ein weißes Top und hat jede Menge Armreifen.
„Sonst noch was, das ich wissen sollte?", fragt Fee.
Da sieht Hannes zur Seite und zuckt mit den Schultern.
Schließlich sagt er: „Schön, dass du jetzt hier wohnst."
„Findest du?"
„Ja."
„Ich auch", sagt Fee, obwohl sie nicht sicher ist, ob das auch stimmt.

4

Das Festival ist wie ein seltsames Tier. Dieses Tier verändert ständig sein Aussehen. Immer, wenn Fee gerade denkt: „So ist es", sieht das Festival-Tier schon wieder anders aus. Mal ist es wild und laut, und dann wird es wieder leise und zart. Die Musik hat ihren Teil daran, aber auch die Menschen prägen die Gestalt des Festival-Tiers.

Vom späten Vormittag bis in die Nacht hinein wechseln sich die Bands ab und spielen mal auf der kleinen Wasserbühne und mal auf der großen Hauptbühne.
Fee ist die ganze Zeit dabei. Sie verbringt die Tage mit Hannes und ein paar anderen Jungs aus der Neubausiedlung, stromert bis zum Abend über die Weide und die erdigen Flächen unter den Bäumen oder sitzt im Hof und lauscht den Gesprächen der Musiker und der Festivalhelfer.
Einige von ihnen zeigen Fee ihre Bänder in der Birke und erzählen, was sie einmal im Taubenschlag gemacht haben.
Dabei fällt Fees Blick immer wieder auf ihr eigenes Band, das zwischen den anderen Bändern gut zu erkennen ist.

Die Festivaltage sind eine atemlose Zeit, und Fee versteht immer mehr, was die Menschen daran so toll finden. Jetzt ist es wirklich wie in einem Taubenschlag, wo immer jemand kommt und geht und wo ständig was passiert. Die Musik und das gemeinsame Leben legen sich wie ein Tuch über alles, und nur manchmal denkt Fee daran, was in den vergangenen Wochen alles geschehen ist. Und wenn sie das tut, dann kommt es ihr seltsam vor, dass ihr der Taubenschlag einmal so fremd war.

Manchmal denkt Fee an ihr altes Zuhause, dass sie vor ein paar Tagen für immer verlassen haben.
Hannes fragt sie in einem dieser Momente: „Alles klar?"
Fee sagt: „Eigentlich schon."
„Woran denkst du?"
„An alles Mögliche."
„Und was ist das?"
„Zum Beispiel an Ur-Hugos Kotten."

„Was ist damit?"
„Der ist alt", sagt Fee und lacht.
„Und an was denkst du noch?"
„Was weiß ich. An irgendwas halt. Und du? An was denkst du so?"
Hannes zuckt mit den Schultern.
„Siehst du?!", sagt Fee. „Das kann man nämlich nicht immer sagen."
„Ich denke an meine Mutter." Hannes sieht zu Boden. „Nach den Sommerferien fliegt sie zurück nach Amerika."
„Wo genau lebt sie denn?"
„In Nebraska."
„Und was gibt es da so?"
„Rinder und Pferde. Und flaches Land."
„Wie in Holland!"
„Ja, nur ohne Meer", entgegnet Hannes.
„Und willst du da mal hin?"
„Vielleicht in den Herbstferien."
„Würdest du auch nach Nebraska ziehen?"
„Das weiß ich nicht", sagt Hannes. „Würdest du nach Holland gehen?"
„Eher nicht", sagt Fee.

Am Abend vor dem letzten Festivaltag sitzt Olga an Fees Bett. Sie sprechen über ihren bevorstehenden Urlaub in Holland, und Fee erzählt von Hannes und dass seine Mutter nach den Ferien wieder nach Amerika geht.
„Da haben wir es besser", sagt Fee.
„Das haben wir", bestätigt Olga, schlingt ihre Arme um Fee und drückt sie, ehe sie das Zimmer wieder verlässt.
„Soll ich die Tür offen lassen?", fragt Olga.

„Ja, bitte", antwortet Fee.
„Gute Nacht, meine Süße."
„Gute Nacht, Mama."

Im Morgengrauen wird Fee wach. Sie steht auf und sieht in den Hof hinunter. Alles ist ruhig.
Dann schleicht sie am Nachbarzimmer vorbei, wo Hugo zwischen Finn und Olga schläft, und läuft über die Treppe nach unten in den Hof. Sie steigt auf die Bank, um das goldene Band aus der Birke zu entfernen. In den letzten Monaten ist es etwas spröde geworden und Fee kann den Knoten kaum öffnen. Aber dann löst er sich doch und Fee zieht das Band vom Zweig. Und weil sie nicht weiß, wo sie es lassen soll, legt sie es später in Olgas Koffer, den ihre Mutter fürs Erste nicht mehr braucht.

5

Das Festival endet mit Ur-Hugos Konzert. Das letzte Licht des Tages scheint golden durch die Bäume, als er die Wasserbühne betritt und sich hinter den Kontrabass stellt und die Augen schließt.
Auch nach Minuten steht er noch unbewegt hinter seinem großen Instrument, das ihn um einen halben Meter überragt. Die Festivalbesucher werden allmählich ruhig, bis es ganz still geworden ist und nur das Rauschen der Bäume und der vorbeifließende Mühlbach zu hören sind.
Da beginnt Ur-Hugo zu spielen. Ganz leise, fast schon zart entweichen dem großen Instrument die Töne. Fee schließt die Augen.
Sie sieht unzählige Kröten aus den Wäldern kommen. Ihre Arme und Beine bewegen sich gleichmäßig nach vorne, als

würden sie durch das Laub schwimmen. Manche von ihnen kommen aus weiter Ferne, andere haben den Winter in der Nähe verbracht. *Allen ist gemein, dass sie dem Teich entgegenstreben, in dem sie geboren wurden.* Es ist ihr unbedingter Wille, an den Ort zurückzukehren, an dem ihre Lebensreise begann. *Wer den Teich erreicht und das Werben um einen Partner erfolgreich bestritten hat, sorgt dafür, dass der Kreislauf des Lebens weitergeht.* Dann verlassen die Kröten den Teich und krabbeln ihrer Wege, um im nächsten Jahr zurückzukommen.

Am Ende des Konzerts ist es still im Mühlbachtal. Die Menschen sitzen auf der Weide, manche haben ihre Augen geschlossen, andere sehen in die Bäume, wo der Wind hoch oben mit der Sonne in den Blättern tanzt.

Die weiche Luft dieses Sommerabends umweht die Menschen, die ihre Gesichter in die Brise halten, um nach der Hitze des Tages etwas Erfrischung auf der Haut zu spüren. Und dann sehen sie einander an, lächeln verlegen, als würden sie aus einem gemeinsamen Traum erwachen, und blicken auf die verlassene Bühne, wo der Kontrabass im Schein der Lampions steht.

6

Das Festival ist vorüber. Die Bettschaukel pendelt sanft über der Weide.

Olga hält Fee und Hugo in ihren Armen.

„Ganz schön voll bei euch", sagt Finn.

„Es ist genug Platz da", sagt Olga. „Komm, leg dich zu uns, es wird noch voller."

„Kommt noch jemand?", fragt Fee.

Olga sagt: „Ja."
„Wer kommt denn?", fragt Hugo.
Da sieht Fee, obwohl es längst dunkel ist, wie Olga lächelt.
Fee atmet ruhig ein und aus. Aber diesmal lässt sich das Kribbeln überhaupt nicht überlisten, weil es so stark ist. Schließlich flüstert Fee ihrer Mutter etwas ins Ohr.
Und Olga sagt: „Zwillinge werden es nicht. Aber ein Junge oder ein Mädchen. Oder von beidem etwas, wer weiß das schon."

7

Nachdem sich die Festivalbesucher in alle Himmelsrichtungen verteilt haben, ist es im Taubenschlag wieder ruhig. Paula und Ernie treten aus dem alten Fachwerkhaus. In der Küche brennt das Licht und erhellt sie von hinten durch die offene Tür. Bis auf Ernies Wölbung in der Körpermitte und Paulas hochgestecktes Haar sind sie fast gleich groß. Vor ihnen im Hof steht ein langer Tisch mit einer weißen Decke. Darauf steht das alte Porzellan, das Ernie und Paula in den letzten Jahren auf Trödelmärkten gesammelt haben.
Ernie überlegt, ob vielleicht jemand fehlt. Und auch Paula sieht in die Runde und hofft, dass alle da sind, die zu dieser Familie gehören.
Am Tisch sitzt Ur-Hugo, ohne etwas zu sagen, die abgewetzte Kappe in der Hand. Er sieht in die bunten Bänder, die im Abendwind wehen. Er scheint in Gedanken versunken, als würde er auf etwas warten.
Plötzlich sagt er: „Will niemand kommen? Wo bleibt ihr denn?"
Er sieht in den Hof, wo Anton und Hugo mit den Zwillingen

spielen, und weiter zu der Scheune, wo Zoran und Finn auf einer Bank sitzen, jeder mit ausgestreckten Beinen, ins Gespräch vertieft.

Hannes setzt sich zu Anton und Hugo auf den Boden und hält den Zwillingen kleine Holzklötze hin, die Finn für die Babys gesägt und abgeschliffen hat.

Dirk hat Nica gerade gefragt, ob die Babys mit seinen Jungs spielen dürfen. Und Nica hat gelächelt, und auch Olga, die neben Dirk sitzt, meint, dass das schon in Ordnung ist.

So reichen die drei Jungs den Zwillingen die Holzklötze, die sie in die Hand nehmen und wieder wegwerfen, immer das gleiche Spiel.

Zugleich sehen Finn und Zoran auf Zerberus, der sich zu ihren Füßen ausgestreckt hat. Zoran erinnert sich an den riesigen Hund, der bei seinem Auszug vor gut vier Jahren noch deutlich jünger war.

Er sagt: „Kaum wiederzuerkennen."

„Ja, er ist wirklich alt geworden", sagt Finn. „Ich darf gar nicht an den Tag denken, wenn er stirbt. Das wird für Paula die Hölle sein."

„Nein, da wollen wir jetzt nicht dran denken", pflichtet ihm Zoran bei und sieht zu dem Tisch, wo Fee jetzt neben Ur-Hugo sitzt.

„Ich hab gehört, du fährst morgen nach Holland?", fragt Ur-Hugo.

„Ja", sagt Fee.

„Und was machst du da?"

„Ferien."

„Und nach den Ferien?"

„Komme ich zurück ins Mühlbachtal."

„Wie alle eigentlich", sagt Ur-Hugo.

„Nein, einige bleiben auch weg." Fee zeigt in die Bänder über ihren Köpfen.

Ur-Hugo lacht.

„Du musst ja auch in die Schule, oder? In Holland würdest du deine Zeit bestimmt am Strand verbummeln."

„Vielleicht", sagt Fee. „Aber ich würde Holländisch lernen."

„Du kannst in den Ferien Holländisch lernen. Und wenn du zurück bist, bringe ich dir bei, wie man das Mühlbachtal versteht."

„Wie meinst du das?", fragt Fee.

Da fährt der Wind in die Birke und bewegt die Bänder. Olga und Dirk kommen heran. Und auch Veronika und Isabel, die etwas abseits unter dem Schild in der Einfahrt stehen, nähern sich dem gedeckten Tisch, auf dem Ernie und Paula die letzten Schüsseln verteilen. Sogar der alte Zerberus erhebt sich, trottet über den Hof und schnuppert einmal kurz an den Zwillingen, die von Hannes und Anton zur Bank getragen werden, gefolgt von Hugo, der die Holzklötze trägt.

Zoran und Finn stehen als Letzte auf und setzen sich zu Nica und Olga, die den Zwillingen gerade ein Lager zwischen den Tellern und Gläsern herrichten.

Ernie und Paula sehen noch einmal über den Tisch, ob vielleicht doch noch etwas fehlt, und dann setzen sie sich zu dieser Familie, um gemeinsam mit ihnen zu essen.

So verbringen sie diese Sommernacht, wie es nur wenige im Leben gibt, wenn es warm ist und nicht richtig dunkel wird und jeder hofft, sie möge ewig dauern.

Aber wie alle Nächte endet auch diese Sommernacht, und dann gehen sie wieder ihrer Wege, um irgendwann zurückzukommen, wie es die Kröten jedes Jahr aufs Neue tun.